JN080920

草の根から「多文化共生」を創る

当事者が語るトッカビの運動と教育

鄭栄鎮 編著

特定非営利活動法人トッカビ 企画

明石書店

注記

◎本書は、日本の旧植民地朝鮮出身者およびその子孫の総称について、各章の執筆者それぞれが用いた呼称のままとした。

◎過去の新聞等の資料には現在では差別表現とされるものがあるが、そのまま引用した。

◎本書で参照したトッカビ所蔵資料は、ワープロやパソコン普及以前の手書きがほとんどであるためか略字や誤字が多く、送りがなではあきらかな間違いもある。略字で意味が判明できるものは各章執筆者もしくは編者があらため、誤字と送りがなはそのまま引用した。また、参照した案内ビラと発行誌以外の所蔵資料では記名と無記名が混在している。このうち無記名のものは「トッカビ子ども会（無記名)」と記載のうえで引用した。

◎トッカビ子ども会は2002年に特定非営利活動法人格を取得し、2008年には名称を「トッカビ」とした。本書では名称変更以前のことがらであっても、それ以前からの愛称・略称であった「トッカビ」を各章の執筆者が用いているが、文脈に応じて「トッカビ子ども会」となっている場合もある。

草の根から「多文化共生」を創る◎目次

第３部　トッカビの実践と八尾市の多文化共生施策をめぐって

序章　「多文化共生」を「外国人」のものとするために

鄭栄鎭

1　はじめに――「多文化共生」をどう捉えるか

近年の日本において、「外国人」に対する一連の取り組みが「多文化共生」なる言葉によって執り行われていることに疑問を挟むものはいないであろう。

しかしながら、「多文化共生」の内実をどう捉えるかは、その立場によって大きく異なると思われる。

「多文化共生」という言葉を各種新聞データベースで検索すると、もっとも古いものでは、「市民レベルの海外協力を考える国際フォーラム」と題する1993年1月12日付毎日新聞東京版夕刊の記事にヒットする。これは海外よりゲストを招いた開発教育の行動計画づくりなどをめぐる集会の開催を紹介した記事である。この集会は、「『地域』をキーワードに市民レベルの海外協力のあり方を考える」とされており、その会議中に「人権、環境、多文化共生、地域協力などをめぐる10の分科会での討論や体験学習を行う」とある。[1]

ついで、ヒットするのは同年8月31日付読売新聞朝刊大阪版「『偉大なるM・C』のハミルトンさん 環太平洋児童文学会議から」と題する記事である。これは、国際アンデルセン賞を受賞したアメリカの作家ヴァジニア・ハミルトンが環太平洋児童文学会議出席のため来日したという記事だが、同氏が「『偉大なるM・C』（略）、黒人とアメリカ先住民の混血（ママ）の少女の物語「わたしはアリラ」（略）など、多文化共生社会の実現に向けて、力強い作品を書き続けている」というものである。[2]

この2つの記事からいえば、「多文化共生」という言葉が社会に流通しはじめたのが1990年代初頭からだとおぼろげながらに理解できる。あわせて、その意味に日本（人）と海外との協力・交流、あるいは自者が他者となんらかの交流・接点を有することなどが含まれていると考えられる。

もっとも、この「多文化共生」という言葉が浸透することとなったのは、2000年代以降に行政が外国人に対する支援等の施策で用いるようになってからだと思われる。

塩原良和は、総務省が2006年に策定した「地域における多文化共生推進プラン」を一つの契機として、日本全国の地方自治体の間に「多文化共生施策」の整備の機運がひろまったという。[3] 総務省の同プランについては後述するが、「共生」という言葉自体は行政が使用する以前から使われていた。塩原は、花崎皋平が北海道のアイヌ民族の権利回復運動を念頭にしながら「共生」を使いだしたことなどをふまえ、「いまや行政用語として定着した感がある『多文化共生』だが、『共生』という言葉は本来、日本社会でのエスニック・マイノリティへの差別をなくし権利を回復しようとする運動のなかで、マイノリティの人々とマジョリティ『日本人』との間に対話的なつながりを築きたいという運動家・実践者の願いから生まれ広まっていった言葉でもあった」と指摘する。[4]

この塩原の指摘をより理解するためにも、「民族差別と闘う連絡協議会」（民闘連）のケースをみてみよう。民闘連については第6章でも取りあげるが、民闘連は20年を超える活動をふまえ、「1995年4月の代表者会議において、同胞組織の在日韓国・朝鮮人人権協会（仮称）と共闘組織の多文化共生フォーラム（仮称）を結成していくことが確認」され、組織改編が予定されていた。[5]

その組織改編は、「在日韓国・朝鮮人人権協会（仮称）という当事者組織と多文化共生フォーラム（仮称）［人権協会、日本人、他のマイノリティ、団体等々で加盟］が、水平共闘をめざし、取り組みを進めていく。在日韓国・朝鮮人人権協会は、基本理念として（略）日本社会における多文化共生社会を創造することを柱とする。多文化共生フォーラムについては、在日韓国・朝鮮人をはじめとする各団体のネットワーク化をはかる。組織化については、在日韓国・朝鮮人と日本人グループ、個人、各地旧民闘連等で組織する。取り組みについては、これからの議論であるが、各課題について、在日韓国・朝鮮人人権協会と共闘し、取り組みを進める」ことがめざされたものである。[6]

この民闘連の組織改編にともなう「多文化共生」の使用からは、「多文化共生」という言葉が「マイノリティの人々とマジョリティ『日本人』との間に対話的なつながりを築きたいという運動家・実践者の願いから生まれ広まっていった言葉」[7]であったことが理解できる。

さらに民闘連のケースからは、民闘連が「多文化共生」というその内実には、その闘いの実践の礎となった反在日朝鮮人差別と在日朝鮮人の人権確立といった中心軸がある。すなわち、「共生」できていない現実があるがゆえの、その先を見据えたオルタナティブの社会のあり方がそこに含まれており、「多文化共生」は既存の社会のあり方の変革を含む理念であったと考えられる。もっとも、「こうした運動・実践の理念としての『多文化共生』が行政によって次第に流用され、施策の正当性を担保するためのスローガンとして領有されつつあるのが現在の状況」[8]である。そして、後述するがこの「領有」される状況がさらにすすんでいると感じざるを得ない。

では、「多文化共生」はどのように捉えられているのか。国のケースをみていこう。総務省が2006年に策定した「地域における多文化共生推進プラン」であるが、これはその当時、進展しつつあったグローバル化と、それにともなう外国人登録者数の増加の見込みから、「外国人住民施策は、既に一部の地方公共団体のみならず、全国的な課題となりつつあ」る状況に日本があるとして、「国籍や民族などの異なる人々が、互いの文化的差異を認め合い、対等な関係を築こうとしながら、地域社会の構成員として共に生きていくような、多文化共生の地域づくりを推し進める必要性が増していい」るとしたものである[9]。

同プランから総務省、すなわち国がいうところの「多文化共生」を考えると、上記のとおりに「国籍や民族などの異なる人々が、互いの文化的差違を認め合い、対等な関係を築こうとしながら、地域社会の構成員として共に生きて」いけるような状況をさしていると捉えることができる。

同プランは2020年に「外国人住民の増加・多国籍化、在留資格『特定技能』の創設、多様性・包摂性のある社会実現の動き、デジタル化の進展、気象災害の激甚化といった社会経済情勢の変化を踏まえ」改訂されているが[10]、この改訂版においても「多文化共生」の意図するところはかわっていない。

そもそも同プランは「各都道府県及び市区町村における多文化共生施策の推進に関する指針・計画の策定に資するため（略）策定しました[11]」とあり、各地方自治体が策定する同種の計画等のモデルになるものである。そのため、各地方自治体がいうところの「多文化共生」が同プランのそれと似かよってしまう傾向が生じてしまう。

たとえば大阪市である。大阪市が在日朝鮮人の最大の集住地であることは知られているが、その大阪市が２０２０年に策定した「大阪市多文化共生指針」では、「『多文化共生社会』とは、多様な価値観や文化を認め、国籍や民族、性別や出身などの違いを理由として社会的不利益を被ることがなく、一人ひとりが個人として尊重され、相互に対等な関係を築き、その持てる能力を十分発揮しつつ自己実現を目指して、社会参加できる創造的で豊かな社会[12]」だとしている。

ついで、本書の舞台となる八尾市である。八尾市が２０２１年に策定した「第２次八尾市多文化共生推進計画」では、「『多文化共生社会』とは、国籍、民族、文化などの違いを尊重し、互いから学びあい、ともに生活できる地域社会のこと」とある。[13] 八尾市、大阪市ともこまかな表現こそ異なってはいるが、国がいう「多文化共生」と乖離するほどの大意の違いはみられない。

以上、国と大阪市、八尾市をみてきたが、そのいうところの「多文化共生」からは以下の３点がそれを構成する要素として抽出できる。

1. 異なる人びととの存在
2. 文化的差違
3. 対等な関係への相互努力

この3つの要素が国や地方自治体のいう「多文化共生」の内実の中心軸であり、このような「多文化共生」の捉え方にもとづいて国や地方自治体による「多文化共生」施策が現在執り行われているといえる。しかしながら、そこには重要な視点が欠落しているのではないだろうか。それをあきらかにするためにも、少しばかし考察をすすめていきたい。

「異なる人びとの存在」と「文化的差違」から考えてみよう。つまり、国や地方自治体といった公的機関がいう「多文化共生」には、日本人と「外国人」の互いが異なるという前提がある。その前提自体は間違っていないであろうが、「異なる」ことが強調されることでは、国や地方自治体といった公的機関が執り行う「多文化共生」施策は、可視化される「外国人」がその対象として想定されていることが読み取れる。つまり、ここでの「多文化共生」は渡日間もない「外国人」や、使用言語、みためなどにより、「外国人」としてよりわかりやすい存在にその対象がフォーカスされており、日本において世代を重ね、日本語を母語とし、みためも日本人とかわらない在日朝鮮人のような存在はそこからみごとなまでに欠落している。国や地方自治体が打ち出す「多文化共生」は、渡日間もない、あるいは日本での居住歴の浅い「外国人」に関心をよせたものでしかなく、在日朝鮮人のみならず、今後日本で生まれ、世代を重ねていく「外国人」がその関心から抜け落ちていくことが容易に想像できる。

総務省では先の「地域における多文化共生推進プラン」策定10年後に、「地域における多文化共生施策の更なる推進に資するため、2016年に「多文化共生事例集作成ワーキンググループ」を設置し、多文化共生の優良な取組を掲載した多文化共生事例集を作成[14]」している。この事例集では13

3の応募より選出された地方自治体、国際交流協会、NPO等による52の取り組み事例が「優良な取組」として掲載されているが[15]、優良とされるこれらの取り組みは、いわば国が承認した「多文化共生」施策といって差し支えはない。そして、その事例の多くがいわゆるニューカマーの「外国人」を取り組みのターゲットとしたものであり、かつ、「外国人」を「支援する」取り組みが多い。つまり、ここでの「多文化共生」は「外国人」が支援の客体として捉えられている。

また、事例集では「外国人住民の自立と社会参画」とするカテゴリーで3つの取り組みが紹介されているが、それはあくまでも「社会参画」であって「政治参加」ではない。繰り返しになるが、国や地方自治体がいう「多文化共生」では、その対象となる「外国人」は「社会参画」を求められるといえどもあくまで支援の客体でしかなく、他方では政治参加できる主体ではない。だからこそ、地方参政権を求める在日朝鮮人のような存在が欠落するのは、ある意味当然ともいえる帰結である。

さらには、「多文化共生」が「文化」の共生、あるいは「多文化」をもつ人びととの共生を志向するものだとすれば、「文化」によって人びとがカテゴライズされることとなるが、それによってそこからはじき出される人びとが必ず存在してしまう。一様な存在としての「外国人」がそこには必要となるのである。「在日朝鮮人」の筆者は在日朝鮮人の代表でもなければ典型でもない。この拙文の読者も多くが「日本人」であろうが、けっしてその代表でなければ典型でもないはずだ。「多文化共生」が持つその排除性にも留意が必要である。

「対等な関係の相互努力」についても考えてみよう。まずは「相互努力」であるが、これは日本人と「外国人」という両者に課せられたものだと文意から読み取れる。しかし、どうして「外国人」に日本人との関係性を対等なものとするための努力が課されるのであろうか。日本で暮らすうえで、日本人と比較して「外国人」は政治参加の権利がなく、社会的・経済的に弱者とならざるを得ない。そのような構造的な不平等の状態を放置しながら、「外国人」に対してどのような努力を課そうとするのであろうか。それらを放置する日本人にこそ、それを解消する努力が必要である。

そして、「対等な関係」である。「対等」を辞書で紐解くと「双方の間に優劣・高下のないこと。双方同等であること」である[16]。一方、よく似た言葉として「平等」がある。これも辞書でみると「かたよりや差別がなく、すべてのものが一様で等しいこと。へいとう」とある[17]。他では「対等」は「二つの物事の間に上下・優劣のない・こと（さま）。同等[18]」、「平等」は「差別なく、みなひとしなみである・こと（さま）[19]」であり、大意は同じである。「対等」「平等」とも、その意の一般的な理解は辞書に記載されているとおりであろう。

この「多文化共生」で用いられる「対等」であるが、樋口直人はそれを「学術的な検討に堪えない言葉」だとして、「『対等』は社会構造のあり方を表す言葉ではなく、『異なる人々』＝『社会集団間の関係』を指す」という。そのうえで「『互いの文化的ちがいを認め合い、対等な関係を築こうと』するのが多文化共生ならば、共生を実現する主体は国家ではなく『人々』になる。国家はその手助けをするだけの存在で、非常に軽い責任しか負わなくて済む」と指摘する[20]。

では、「外国人」が求める社会やコミュニティのあり方とは、日本人との「対等」な関係をめざすだけで事足りるものであろうか。それとも、そこからさらに進展した社会構造の「平等」な関係を志向したものであろうか。

つまり、国や地方自治体がいうところの「多文化共生」の内実には、日本人と「外国人」との「平等」な関係への志向が決定的に欠落している。このような「多文化共生」は「外国人」のコミュニティでの生きやすさやそれへの受容感を高めるものではなく、日本人と「外国人」との権力関係を強化するものと化してしまう。「外国人」が支援の客体となる取り組みが「優良な取組」とされていたことがその証左でもある。

「外国人」が求める「多文化共生」とはどのようなものであろうか。そこで必要なのは、「対等な関係」だけでとどまることではけっしてなく、「平等」な関係へとむかうことである。つまり、国籍や民族などによって社会的・経済的に差別されることなく等しい存在として存在すること、それが社会構造として担保されることこそが「外国人」の求めている「多文化共生」ではないだろうか。当事者でもある筆者は強くそう感じる。

かつて在日朝鮮人は「日本に住ませてもらっている」とよくいっていた。在日第一世代であった筆者の父母がそうである。しかしこれは、じしんが日本人と「平等」、「双方同等」ではないという意識から発せられていたのではないだろうか。日本人と「外国人」が「平等」となるためには、まずは日本人と比べて「外国人」が「優劣・高下」がないこと、「双方同等」であることを「外国人」じしんが認知する必要がある。それは「日本に住ませてもらっている」のではなく、この地に暮らすことが権利であり、当然だと認知することである。両者の関係を「平等」へとむけるためにも、それをめざした実践が必要である。しかしそれは国や地方自治体などといった上からあたえられたものではなく、「外国人」じしんが求める「平等」への志向が内包された草の根からの実践であることがきわめて重要となる。それを本書では「トッカビ子ども会」（トッカビ）の実践から考えていきたい。

2 トッカビ子ども会とその実践

大阪府東部の八尾市は大阪市、東大阪市や奈良県に隣接する特例市である（２０１８年から中核市）。１９４８年に八尾町、龍華町、久宝寺村、大正村、西郡村の合併により市制が施行され、のちに幾度かの合併を経て現在の市域が確定している。２０２２年３月末日現在、外国籍者は７６９３人であり、市人口26万２８７５人の２・92％を占めている。[21]『八尾市統計書』による２０２０年10月１日現在での国籍別の内訳では、「韓国朝鮮」２４８５人、「中国」１９４６人、「ベトナム」１８８２人が上位３区分である。[22]

１９５０年11月20日付『八尾市時報』[23]には同年の国勢調査にもとづく八尾市の人口が掲載されている。そこでは八尾市人口は６万６６９４人となっているが、同掲の「外国人国籍別人員」によると「朝鮮人」８１３人、「韓国人」９７８人、「中国人」14人、「台湾人」21人、「英国人」４人、「カナダ」１人、「ペルー」５人の合計１８３６人である。[24]当時の八尾市人口に占める「外国人」は２・75％となるが、つまり、国籍別での変化はみられるが、八尾市は過去から一貫して「外国人」が多数居住し、生活を営んできたまちであることがわかる。

トッカビは、１９７４年、八尾市内の被差別部落で発足した在日朝鮮人の子ども会である。その名「トッカビ」は、朝鮮の「トケビという民話に出てくる空想上の妖精あるいは妖怪のようなもの」で、

「トッカビ子供会もトッカビの様に底ぬけに明るく強く、人なつっこく、みんなに親しまれるようになりたい」という思いから名づけられている[25]。

トッカビの実践の詳細と経験は本書でふれていくが、在日朝鮮人と日本人がともに在日朝鮮人の子どもへの民族教育の実践と民族教育権の保障に取り組み、八尾市職員採用試験受験資格、郵政外務職採用試験などの国籍要件、いわゆる「国籍条項」の撤廃運動や国民体育大会参加資格における国籍条項撤廃運動[26]などに取り組んできた。２００２年に特定非営利活動法人格を取得し、２００８年には名称を「トッカビ」としている。

では、トッカビはどうしてそのような実践に取り組んできたのか。トッカビ発足時の在日朝鮮人の子どもをとりまく状況を、その活動参加の誘いかけビラからみてみよう。

みなさんも知ってのとおり、日本の学校にまなぶ私たちの弟や妹たちは、自分の祖国や、民族の歴史についてなにも知らずにいることが多くあります。ですから、親が酒飲みだったら、朝鮮人は酒ばっかりのんでいるから、いつまでたってもうだつがあがらないんだと思い、また、日本人から差別されたりすると、朝鮮人は、あわれでダメな民族だなあと思ったりして、けっきょくは、朝鮮人であることをかくして日本人になりきろうとするようになります（略）子供たちが、自分が朝鮮人であることに、自信がもてないのは、ひとくちにいって、自分の民族や国について正しく知らないからではないでしょうか⁉　自分の民族や国を正しく知り、親の苦労を知り、未来についてしっかりした考えをもつようにすること、それが民族教育なのです[27]。

現在の日本では、いわゆる外国にルーツを持つ子どもを対象とした実践が学校や地域コミュニティで取り組まれており、先の事例集にも何点か掲載されている。しかし、トッカビ発足時の１９７０年代中頃は、在日朝鮮人の子どもの多くはこのビラにあるような状況におかれていた。トッカビは、このような在日朝鮮人をとりまく状況の変革を志向して先の実践を行っていったのである。

さらに、その当時では、「唯一、朝鮮人の子どもたちの民族教育機関は民族学校のみで、地域における日常的な活動は、恐らくトッカビが初めての実践でした[28]」とあるように、同時期の在日朝鮮人に対する民族教育は大阪市立長橋小学校などの大阪市内等の公立学校での実践が緒に就きはじめようとしていたが、民族学校で行われることがほとんどであり、トッカビのような地域での子ども会というスタイルによって行う民族教育の実践は先駆的であった[29]。

ついで、トッカビが中心となって取り組んだ八尾市市職員採用試験の国籍条項撤廃運動のビラをみよう。撤廃を求める運動側の要求に、市当局が返したことばが掲載されている。

八尾市の人事課は、私たちの意見に答えられなくなると、今度は、差別意識をロコツに出しはじめました。「日本国憲法の基本的人権は、外国人には関係ない」「外国人が公務員になると住民の利益がそこなわれる」「2千7百人の八尾市の公務員のうち外国人が半数を占めたらどうなるのか」「外国人は住民のうちにはいらない」などと話にもならないことをまくしたて、八尾市の行政の民族差別的体質をイヤというほど見せつける結果となりました。[30]

当時の行政当局が、在日朝鮮人をその市に暮らす「住民」とする認知がなかったことがこのビラからは読み取れる。現在の「多文化共生」がいわれる日本社会とはまったく異なる地平がその当時にあったのである。

このような状況に抗い、トッカビは民族教育の実践の一方で社会変革の実践として市職員採用試験の国籍条項撤廃運動なども展開し、撤廃の成果を得ていった。つまり、トッカビの運動には、子ども会などの教育事業と権利獲得運動の2つの機能があるが、これらの機能は乖離していない。子ども会という教育事業で認知した在日朝鮮人の課題が運動で要求課題化され、運動で獲得した在日朝鮮人の権利は、トッカビに参加する子どもや保護者のみに還元されたものもあれば、国籍条項の撤廃のように外国籍を有するすべての在日朝鮮人に成果がおよんだものもある。

もっとも、トッカビの運動は「『民族だけでは飯食われへん。まず生きること、その日その日のごはんの方が大切や。本名名のっても会社が使こうてくれんかったら何にもならん』という声もよく聞かれました」[31]とあるような、トッカビへの参加の呼びかけのために幾度も家庭訪問を実施するなかでの、オモニ（朝鮮語で母親の意）たちからの問題提起があったからでもある。

この問題提起は、「私たちももっともだと思いました。『生きる』ことと『民族』が両立しなければ、結局どちらかを選択しなければならず。貧しい同胞は『民族』を捨て『生きる』ことのみに専念するという結果になりかねません[32]」というものであり、ここでの「生きる」とは、生活するための糧をえること、すなわち、働くこと、働ける場所があることを意味している。その当時、在日朝鮮人としてみずからを偽ることなく、たとえば、民族名を名のっている場合などでは働ける場がなかったのである。

このような状況に抗い、トッカビは一方では民族教育の実践によって在日朝鮮人としての民族的自覚の醸成をはかり、一方では民族的自覚を有した在日朝鮮人として、みずからを隠すことなく働くことができ、生きることのできる道を運動によって切りひらこうとした。これらの運動は「単に運動の論理からだけでなく（略）オモニたちとの約束を果たし、子どもたちの要求に応えるためのもの」[33]でもあったとある。トッカビの実践において、教育と運動は在日朝鮮人への差別撤廃と社会的地位向上に資する両輪であったが、それは在日朝鮮人の生活に根ざしたものだったのである。

トッカビの実践をあらためて考えよう。活動参加の呼びかけでは、まず在日朝鮮人の子どもたちが自分自身の存在を卑下するのは、自分たちのルーツを知らないがゆえであることがのべられている。そして、そのような状態を解消すべく、「自分の民族や国を正しく知り、親の苦労を知り、未来についてしっかりした考えをもつようにすること」としている。

日本人の子どもは日本で生まれ育ち、自分自身が日本人であることを自然と受容することが一般的であろう。しかし、日本で生まれ育った在日朝鮮人の子どもたちは、日本人とは異なる存在であることを日本人という他者を通じて知る。そして、自分たちが日本人と異なるだけではなく、どうして日本で生まれたのかや、自己のルーツを知らないこと、差別されることなどによって、日本人よりも自分たちが劣った存在だと認知してしまう。このような状況を打破するためには、在日朝鮮人は日本人とはなんら劣っていないこと、つまり、在日朝鮮人と日本人とが「対等」であることをまずは知る必要がある。そのため、継承言語を知ることや、踊りなどの民族文化を習得することなどの実践に取り組むこととなる。

また、在日朝鮮人どうしの仲間をつくることで、自分一人だけではないと知り、孤立感を解消していくことも必要である。これら実践を積み重ねることによって、みずからが劣った存在でないこと、自己のルーツへの肯定感の醸成へとつながる。このような教育の実践を通じて、自己の存在がけっして劣っていないこと、日本人と「対等」な関係であることへと結実するのである。

そのうえで、「対等」な存在であることを前提として、それを集団間の関係だけでなく社会構造から担保する、つまり「平等」な社会を構築するための実践が必要となる。その意味から八尾で取り組まれたのが先の国籍条項撤廃運動である。教育実践が「対等」な関係を構築するものであったとすれば、「住民」としての在日朝鮮人の権利を求めた国籍条項撤廃運動は、「平等」な関係を創出する実践であった。

つまり、トッカビの実践とは在日朝鮮人への差別撤廃と社会的地位向上をねらいとした日本人との共生を制度的に担保しようとするものである。すなわち、共生を実現する主体を人びとではなく国や地方自治体などの公的機関に求めたものであって、日本人との「対等」な関係だけを希求したのではなく「平等」を求めたものなのである。

あらためてのべよう。トッカビの実践とは在日朝鮮人の住民としての権利を求めたものであり、

「対等」な関係を求めた教育実践を行いつつ、「平等」な関係を社会構造から構築すべく運動を併行していったのであり、これらは社会変革の両輪であった。[34] これによって、日本人と在日朝鮮人の「平等」な関係が社会構造から一定は担保することが可能になるのである。

以上、トッカビの実践からいえば、「外国人」に対する日本人との「対等」な関係を結ぶ取り組みは、それが最終の目的となるのではなく、あくまでも両者の「平等」な関係へと移行する一里塚でなければいけない。「平等」な関係を社会構造から担保する。これが現在いわれる「多文化共生」から決定的に欠落したものである。「多文化共生」を心地よいスローガンや行政の施策の正当性を担保するスローガンとして領有させるのではなく、「外国人」への反差別、人権確立といった中心軸を据えた「外国人」のためのものにすることがいまこそ必要である。そのためにも、トッカビの草の根の実践とその記憶から得るものはけっして少なくない。

3　本書の構成

本書はトッカビの実践にかかわってきた個人の記憶を媒介として、トッカビの成立やその実践、八尾市の多文化共生施策についてのべるものである。これらをもとにして、日本で一般化しつつある、先に引用した国や地方自治体がいうような「多文化共生」とは異なる、草の根から創りだしたオルタナティブの「多文化共生」を提示することで、それを「外国人」のものにしたいと考えている。

なお、厳密にいえば「トッカビ子ども会」は教育活動を行う団体であり、トッカビに参加する子どもの親を含めた地域内の在日朝鮮人を組織した「安中同胞親睦会」が運動団体である。もっとも、トッカビ、安中同胞親睦会とも事務局は同一であっていわばコインの裏表であり、編者も含めたスタッフもトッカビの名のもとで教育と運動にたずさわってきた。本章ではこれらを含めてトッカビの実践としてあつかっていく。

第1部はトッカビの発足とそれに至るまでの前史にあたる。第1章では、1945年以前の現在の八尾市エリアにあたる地域において、多数の朝鮮人が生活を営み、時にはその生活のために労働争議がおこっていたこと、コミュニティ組織が存在していたことが当時の新聞記事からあきらかにしている。1945年以降では八尾の地にあった民族学校や公立小・中学校での民族教育、八尾市行政が在日朝鮮人をどう捉えていたかを文献により検証している。

第2章は、部落解放運動がトッカビの発足に影響をあたえたことと、両者の運動の相互作用と共闘についての検証である。トッカビ発足の背景には部落解放運動の進展があったが、いいかえれば、部落解放運動の影響がなければトッカビは発足しなかったとも考えられる。在日朝鮮人が部落解放運動の闘いに出会うことでなにを得て、在日朝鮮人の運動を独自に行っていくようになったかが検証されている。

第2部「トッカビの実践をめぐって」は、トッカビが発足した1974年から2000年代までの実践の記憶である。第3章を執筆した前田稔と高橋敏道は、在日朝鮮人への差別がきびしかった時代状況のなか、在日朝鮮人の仲間と共に、まさしくゼロからトッカビをつくりあげて来た。また、両者ともトッカビの専従指導員を経たあとに八尾市の公立学校教員になり、八尾市のみならず大阪府下の在日外国人教育を牽引することともなった。本章では日本人の二人が在日朝鮮人の子ども会であるトッカビとどのようにかかわっていったのかがのべられているが、それは日本人が在日朝鮮人というみえない存在とそれをとりまく日本社会の問題への気づきや自己の変革をもたらす過程でもあったことがその記憶から紐解かれている。

第4章は、二人のトッカビ子ども会元指導員によるものである。トッカビ子ども会に通う子どもたちと出会うことで在日朝鮮人としてのアイデンティティを獲得していった過程や、在日朝鮮人の本名をめぐる当時の教育実践の記憶、さらには、八尾市の公立小・中学校で在日外国人教育を拡大する役割を担った当事者の記憶である。これらの実践の積み重ねが現在の八尾市における在日外国人教育、多文化共生教育の展開の礎になったといっても過言ではない。

鄭栄鎭、李昌宰による第5章は、いずれもトッカビが中心を担った八尾市一般職採用試験における国籍条項の撤廃運動と、当時国家公務員職であった郵政外務職の採用試験における国籍条項撤廃運動をあつかったものである。本章でものべられているが、国籍条項撤廃運動では在日朝鮮人を「いつか帰る人」と捉えるのではなく、「身近な人」の就労、生活の問題として、その運動の論理が組み立てられている。第1節ではこれらの運動の経緯を検証し、第2節は郵政外務職採用試験国籍条項撤廃運動の当事者として運動の先頭に立った李昌宰の記憶である。国籍条項が撤廃されるかどうか当然ながら不確定にもかかわらず、李昌宰は当事者として運動の先頭に立ち、撤廃へと至る最後まで立ち続けた。運動当事者となるまでの経緯や運動で多くの仲間に支えられたこと、実際に働いてから直面した差別事件とその対応など紐解かれている。

第6章では、八尾の安中という地でうまれたトッカビが八尾市教職員組合と共に手を携えながら、その民族教育の実践を安中から八尾市へと拡大していく過程が検証されている。また、両者などによって要求してきた「民族教育基本方針」が「八尾市在日外国人教育基本指針」として策定されるまでの過程もあわせて検証されているが、この策定はトッカビが求めてきた民族教育の制度化が行われたものであり、すなわち、教育の面からまずは「対等」へといざない、在日朝鮮人と日本人との共生を制度的に担保するものでもある。

1990年代末から2000年代初頭はトッカビの教育と運動の転換期にあたる、それまで在日朝鮮人を対象としてきた教育実践をいわゆる「ニューカマー」へと拡大し、さらに運動では「運動」の捉え方の再編成が行われ、NPO法人化へと至っている。第7章はこれらの経緯と要因等についての検証である。

第8章では、1970年代後半から現在に至るまで、子どもの頃から成人するまで実際にトッカビにかかわってきた3人の記憶を座談会としてまとめた。トッカビの理念や実践がいかに高尚であったとしても、実際に参加した子どもにとってそれらがどのように具象化され、あらわれていたかは不明である。当時の子どもたちの記憶をたぐりよせることによって、トッカビの実践の意義を現在からあらためて問うことが可能である。

第3部は、2000年代以降から現在に至るまでである。2000年代以降のトッカビの取り組みの柱となっている「ルーツ語教室」は2004年に開講し現在も引き続き行われている。薮田はルーツ語教室への参与観察の記録をもとにトッカビが行うルーツ語教室をふりかえりながら、その成果ならびに日本社会での外国にルーツを持つ子どもの言語教育の意義や課題について考察を行っている。第11章は、トッカビの実践をもとにうみだされた八尾市の国際理解教育の現況を取りあげ、第12章はこれらを含めた八尾市における八尾市の多文化共生施策について、実際その業務にあたる担当者が執筆した。

第13章は、トッカビの実践の方向性についてである。本章にあるが、トッカビの発足時と現在とでは50年近くが経過し大きく社会が変容しているが、一方では当事者を取りまく状況はかわらないものもある。このような状況をふまえ、当事者のものとなる「多文化共生」のためにも、トッカビの実践をどうすすめていくかが鄭栄鎭と朴洋幸によってのべられている。

トッカビによるその活動をまとめたものとして、１９７９年発行の5周年記念誌、１９８４年発行の10周年記念誌、１９９５年の20周年記念誌がある。本書でもこれらから引用しているが、それら周年誌と本書では大きく性格が異なっている。これら周年誌は組織で編纂されており、あくまでもトッカビという組織の公定記憶にあたるものである。また、これらの周年誌は、トッカビの活動に共に参加し、特にその初期を支えてきた日本人の存在のあつかいがけっして多くない。

一方の本書は、それらの組織の記憶を参照しながらも組織にたずさわってきた個々人の記憶を編んだものである。トッカビという組織の視角にはとどまらない、在日朝鮮人のみならず日本人もふくめた個々人の視角にもとづくトッカビという組織とその周縁の記憶の再編成になる。したがって、これまでトッカビでのべられてきた記憶と物語とは異なるそれらがのべられている可能性がある。さらに、個々人の記憶であることからいえば、本書に登場しない個々人の記憶がさらに存在することは当然であり、本書の限界でもある。また、本書で書かれているのはけっしてトッカビの見解でもない。もっとも、編者はトッカビの公定記憶やそれにはとどまらない個々人の記憶も含め、八尾の地で草の根から「多文化共生」が創られてきたあゆみを編み、これによって現在の日本に流通するものではないオルタナティブの「多文化共生」の一例を提示したいと企てている。この企てが成功したかどうかは読者の判断に委ねたい。

脚注

1 毎日新聞社「毎索」https://dbs.g-search.or.jp/WMAI/IPCU/WMAI_ipcu_menu.html（２０２３年４月３日アクセス）
2 読売新聞社「ヨミダス歴史館」https://database.yomiuri.co.jp/rekishikan/（２０２３年４月３日アクセス）
3 塩原良和（２０１０）「「連帯としての多文化共生」は可能か?」、岩渕功一編『多文化社会の〈文化〉を問う 共生／コミュニティ／メディア』青弓社、63-85頁。
4 同論文。
5 民族差別と闘う連絡協議会（１９９５）「新組織への改変をめざして」、民族差別と闘う連絡協議会『全国民闘連ニュース』１０２号、２-５頁。
6 同資料。
7 前掲「「連帯としての多文化共生」は可能か?」。
8 同論文。

9 総務省（２００６）「地域における多文化共生推進プラン」https://www.soumu.go.jp/kokusai/pdf/sonota_b6.pdf（２０２３年11月２日アクセス）。

10 総務省自治行政局国際室（２０２０）「「地域における多文化共生推進プラン」の改訂」https://www.soumu.go.jp/menu_news/s-news/01gyosei05_0000138.html（２０２３年11月２日アクセス）。

11 総務省（２００６）、前掲ホームページ。

12 大阪市『大阪市多文化共生指針』、https://www.city.osaka.lg.jp/shimin/page/0000523890.html（２０２２年12月16日アクセス）、23頁。

13 八尾市人権ふれあい部人権政策課（２０２１）『第２次八尾市多文化共生推進計画 概要版』https://www.city.yao.osaka.jp/0000025087.html（２０２２年11月２日アクセス）、２頁。

14 総務省（２０１７）『多文化共生事例集 ～多文化共生推進プランから10年 共に拓く地域の未来～』https://www.soumu.go.jp/main_content/000731370.pdf（２０２２年12月16日アクセス）。

15 『多文化共生事例集』は２０２１年に「令和３年度版」が総務省ホームページ上にて公開されており、97の事例が紹介されている。

16 新村出（２０１８）『広辞苑 第七版』岩波書店、１７５９頁。

17 同書２４９８頁。

18 松村明・三省堂編修所（２０１９）『大辞林 第四版』三省堂、１６４１頁。

19 同書２３３２頁。

20 樋口直人（２０１９）「多文化共生-政策理念たりうるのか」、髙谷幸編『移民政策とは何か 日本の現実から考える』人文書院、129-144頁。

21 八尾市総務部総務課統計係（2023）『八尾市統計書2022 年版（令和3年度統計）』https://www.city.yao.osaka.jp/0000067027.html（2023年5月11日アクセス）。

22 同上（2023年5月16日アクセス）。

23 1967年5月5日発行の第335号までの名称は「八尾市時報」、それ以降は「やお市政だより」である。第2号（1949年3月発行）から現存しており、八尾市立図書館地域資料デジタルアーカイブ（https://web-lib.city.yao.osaka.jp/digital/yao-archive/index.html）上で1949年3月発行の第2号から1981年12月20日発行の第687号まで公開されている。

24 八尾市立図書館「地域資料デジタルアーカイブ 八尾市時報 1950（昭和25）年 第24号 11月20日」https://web-lib.city.yao.osaka.jp/digital/yao-archive/pdfs/1950/118519966-0025s.pdf（2023年5月16日アクセス）

25 トッカビ子ども会（1975）「『トッカビ』はいたずら好きな妖精」、特定非営利活動法人トッカビ所蔵資料。

26 国民体育大会参加資格の国籍条項は、トッカビが中心となった運動によって「日本の高校に在学するもの」の条件付きで当時撤廃されている。

27 しんぼく会「トッカビ」（1974）『トッカビニュース№1』、特定非営利活動法人トッカビ所蔵資料。

28 トッカビ子ども会（1984）『친구와함께（チングワァハムケ）なかまとともにトッカビ子ども会10

周年記念誌』、64頁。

29 「私たちが実践を始めたころ、すでに大阪を中心とする公立学校の中で、在日朝鮮人教育が大きな広がりを見せ始めていました。「日本の学校に在籍する在日朝鮮人児童・生徒の教育を考える会」は、各地の団体と手を結び合いながら、後に「全国在日朝鮮人教育研究協議会」の結成へとつながり、実践も全国的に波及しました。これらの活動に押されて教育行政の側も、外国人教育の指針、基本方針を作成するところが増えてきました」とされる（前掲、63頁）。

30 安中支部差別国籍条項撤廃闘争委員会（1979）「願書も受け取らぬ八尾市！ 4時間にもわたる交渉で、前向きの検討と交渉継続を確約させる！」、特定非営利活動法人トッカビ所蔵資料。

31 前掲『친구와함께（チングワァハムケ）なかまとともに トッカビ子ども会10周年記念誌』、35頁。

32 同書35頁。

33 同書36頁。

34 本稿がいうところの「平等」であるが、マジョリティ、マイノリティにかかわらず、その属性や社会的・経済的状況などにとらわれずに誰もが一様にあつかわれる形式的なものをさすのではなく、そのような状況を変革するために積極的に是正措置を行う、実質的なものを意図している。

第１部
トッカビの発足まで

第1章 八尾と在日朝鮮人（前史）

鄭栄鎭

1 はじめに

八尾市が発行する『八尾市史』は1958年にはじめて発行されて以降、2021年まで3回にわたって改訂版、新版が発行されている。これに在日朝鮮人がはじめて登場したのは2019年発行の『新版 八尾市史 民俗編』である。「民俗の個性」と題した第3章に「第9節 外国人市民の民俗」があり、ここで八尾市における在日朝鮮人の来歴が[1]「チェサ」「巫俗」「チュソク・盆」といった項目などとともに記されている。[2]ただし、タイトルのとおりにその主題は在日朝鮮人の現在の生活文化である。

先述のとおり、市史は10年程度で再編集され改訂あるいは新版が発行されているが、2019年にやっと在日朝鮮人が初登場している。つまり、この年になってはじめて在日朝鮮人が市の歴史に公式に位置づけられたといえるのではないだろうか。

本書でふれていくが、在日朝鮮人をはじめとする「外国人」が八尾市において「市民」として位置づけられたのは、トッカビを中心とした運動の成果によってである。では、それら運動の以前、在日朝鮮人はどのような暮らしを送り、あるいは、市行政などからどのようにあつかわれてきたのであろうか。

これをみるため、本章では、まず１８７９年１月から１９４５年４月までの『大阪朝日新聞』[3]地域面と社会面を参照する。同紙で報道された１９４５年４月以前、つまり朝鮮解放以前の現在の八尾市エリアで「日本人」でもあった朝鮮人が同地でさまざまな暮らしを営み、定着していたであろうことを検証していく。

ついで、八尾市広報誌『八尾市時報』（現・やお市政だより）や八尾のローカル紙などに掲載された在日朝鮮人にかんする記事から、１９４５年以降からトッカビが発足する１９７０年代中頃までの八尾市における在日朝鮮人の教育や市政上でのあつかいなどについて検証したい。

2　新聞記事にえがかれた八尾の朝鮮人（1945年以前）

では１９４５年以前の朝鮮人の暮らしをみる前に、まずはその当時、現八尾市エリアにどの程度の朝鮮人が居住していたのかがうかがえる『大阪朝日新聞』記事などをみていこう。これによって、けっして少数ではない朝鮮人がこの地で暮らしていたことが推察できる。

「八尾管内有権者数」（１９２７年12月25日号）。八尾署管内の衆議院議員選挙有権者数を示した記事である。「衆議院議員選挙有権者数は７６５８名、盲人有権者11名、鮮人有権者14名と決定した」とある。[4] １９２５年の普通選挙法成立により25歳以上の成人男子に参政権が付与されたが、一方では選挙人名簿への登載は同一市町村の一年以上の居住が要件であった。[5] したがって、ここに登場する14名は八尾署管内の市町村に一年以上居住していたことになる。

１９２８年11月1日号「八尾署が講話 朝鮮出身者に」。「大阪府中河内郡八尾署では31日午後６時から同町中村座に管内の朝鮮出身者６８０名を集め御大典心得につき高柳所長が講話した」。八尾署管内のみで朝鮮出身者が６８０名いたとあり、[6] 参加への一定の強制力はあったと思われるが、子どもや女性など管内すべての朝鮮人が参加したとも考えづらく、つまり、それ以上の朝鮮人が八尾署管内で暮らしていたと考えられる。蛇足であるが、この講話は日本語で行われたのであろうか。もしそうだったとすれば、この場にいた朝鮮人のどれほどがその内容を理解したであろうか。疑問である。

そこから10年以上を経た１９４０年12月24日号「龍華町竹淵 非常な発展 米配給好成績」は旧龍華町をあつかったものである。「中河内郡龍華町竹淵は大阪住吉区平野に隣りした新発展地で人口は激増、中でも半島同胞の移住が目だち戸数２００、人口１２００名にも上っている」とある。

記事以外では、大阪府特別高等課による「朝鮮人ニ関スル統計表」での「在住朝鮮人部落密集地方調（昭和８年末調）」がある。ここには「中河内郡竜華町安中４７３・４７４」に朝鮮人の戸数が82あり、「自由業」男10、女2、「各種職工」男31、女46、「自由労働者」男32、女2、「無職」男0、女0の男計73、女計50の総計１２３が居住しているとある。[7]

では、ここからはあらためて『大阪朝日新聞』掲載の記事をみていこう。『大阪朝日新聞』の先述の期間内において、名前や属性の記載から朝鮮人と確定できる記事は合計81ある。もっとも、これらすべての紹介は紙幅からも不可能なので、筆者が朝鮮人の生活を垣間みるのに適当と考えた「労働」「教育」「事件事故」「慈善行為・表彰」「団体」で区分し、それらの一部を紹介する。[8]

労働

1930年5月4日号「できるだけ本社で使ふ 攝津製油が解雇職工へ」。龍華町所在の同社が事業不振のため休業し、解雇手当の支給に対して朝鮮人職工が不服とした争議の記事である。「内地人職工には日給の5日乃至3日分、朝鮮人職工にはすべて日給の3日分の解雇手当を支給することを発表したが朝鮮人職工姜○○他32名はこれを不満として立命館大学生成○○氏に依頼して休業中に手当支給方を会社に交渉し（略）」とある。

この争議は、1930年5月7日号では「攝津製油争議 円満解決す 5日八尾内鮮共愛会役員が仲裁に入り3日の解雇手当を5日分に増額すること及び工場操業に際して優先的に採用することにして円満解決した、なお同会社では仲裁の労を執った共愛会の事業に対し基金とし金一封を贈った」とある。紙面からは一応の解決をみたと判断できるが、一方では、争議のもととなった日本人と朝鮮人との解雇手当の差がどうして生じたのかは不明である。もっとも、そのような差別的取扱いがこの当時では当然であったことから記事に掲載されていないとも推察できる。内鮮共愛会については「団体」で紹介する。

1932年7月31日号「工場主宅を襲撃す 争議団員が」。「久宝寺村の製綿業○○治三郎方に同家工場員金○○ほか10数名が押しかけ（略）金○○（筆者注・先の金○○と同一人物）、金○○ほか2名を留置し」たとする記事である。

「原因は同工場は（略）賃銀制度から請負制度としたところ原料に対する仕上品の納入が不可能となったので工場主は請負製品30本につき8貫500匁から9貫500匁の量目でなければならぬと要求し金○○は不服で欠勤するので解雇したところ全職工は全国労働組合八尾支部に入会し罷業中、29日夜金の無条件復職を迫ってこの挙に出た」という労働争議である。この件での追加で掲載された記事はなく、解決したかどうかは定かでない。以上、2件ではあるが、朝鮮人が争議という手段によって生活を守ろうとしていたことが理解できる。

争議以外の労働では、「引つづいて雇入れを陳情 朝鮮人労働者」（1932年3月27日号）がある。「府が失業者救済事業として着手した奈良街道大阪、奈良間の産業道路工事中平野と中河内郡龍華町間は今月末いよいよ完成する予定となつたが従来この工事のため市内は勿論中河内郡八尾署管内から230名の朝鮮人の工事に従事していた」という。そして、この道路がさらに延長される第二次工事が行われることとなったが、「八尾署管内の230名は第一次工事終了とともに解雇されるらしいといふので26日朝鮮人代表者数名が八尾署を訪ひ、全工事完了まで是非使つてもらふように府へ陳情方を斡旋してもらひたいと願ひ出た」。同記事からは朝鮮人のみが解雇されることになったと読めるが、どうして朝鮮人のみそのようなあつかいになったのかはふれられていない。

ついで自営では、「久宝寺村の火事」（1937年12月8日号）があり、「久宝寺村久宝寺セルロイド加工業李〇〇方から出火、平屋建の同家を全焼」というものである。紙面からはこの工場の規模は見当がつかないが、自営業を営んでいた朝鮮人がいたことは理解できる。

朝鮮半島での記事になるが、1937年8月28日の朝鮮日報には在日朝鮮人の名刺広告がある。この広告上での現八尾市エリアの朝鮮人をみると、「各種製綿工場」「米穀商」「朝鮮料理」「薬種商」「ファスナー業・古物商」「眼鏡レンズ製造業」などがある。[9]商工業を営むには一定の資本を蓄積・保有していることが必要であり、それは短期の居住では不可能である。つまり、これらの名刺広告からは1930年代後半には現八尾市エリアにおいて朝鮮人の長期にわたる居住傾向があったことがわかり、先の久宝寺の自営業の記事からも同様の傾向が推察できるのである。

教育

大阪府警特別高等課「朝鮮人ニ関スル統計表」における「朝鮮人学齢児童調（昭和8年12月調）によると、その当時の現八尾市エリアを含む大阪府中河内郡には、「満6才以上14才」の計1040人の朝鮮人がおり、うち、「就学セルモノ」が325人、「未就学者」は715人となっている。[10]

1930年6月24日号には「朝鮮人学童が倍にふえた 成績もよい方 中河内の調べ」との記事がある。

「中河内郡八尾署が管内各町村小学校における朝鮮人の就学状態■にその成績を調査した結果によると、昨年度は児童数25名であつたが、本年度は殆ど倍加して47名となつた」という。現八尾市エリアでは「龍華小学校の27名を筆頭に（略）八尾町6（略）大正村3、曙川村1である、出席率は非常に良好で大部分は皆勤者である、また學業の成績も概して良好」とされている。さらに、「別に龍華町の内鮮共愛會で開いている夜学通学のものは35名（略）この外八尾中学に1名、八尾高女2名通学」とある。

八尾市立龍華小学校（当時は龍華尋常高等小学校）に1941年に赴任した教師の述懐では、「当時は朝鮮名の子どもが3分の1程いて出席をとる時、名前を呼ぶのに四苦八苦、子どもに教えてもらい、早くおぼえてなくてはと懸命でした」とある。[11] 現八尾市エリアに朝鮮人の子ども―おそらく二世であろう―が1945年以前より多数生活していたことがうかがえる。

前述の記事に「倍加」とあるが、朝鮮人の子どもが増加することで当局もその就学については対応を迫られていたようである。1937年1月10日号「半島人子弟の教育に新施設 枚岡村などで計画」には、「大阪府下の半島人数は郡部では泉南とともに中河内が最も多く八尾署管内に約6000、額田署管内に約3000、いづれも龍華町、八尾町の紡織、化学工業関係の工場、枚岡村の製鉄工場などに大量的に雇傭されてをり、これら半島人子弟の義務教育については当局でも苦慮を重ねていた」との記事がある。そして、現八尾市エリアに隣接する現在の東大阪市にあたる旧枚岡村で「同村小学校に入学中の約130名の半島人学童の実情に鑑み村費で特別教育実施を考慮中」であり、現八尾市エリアでは「八尾署でも龍華町安中在の半島人会館を利用、内地人教師による未就学年齢児童の特別教育開始の計画を樹て近く府庁宛稟請するはず」とある。

一方、時を経た1941年5月25日号では「錬成に静と動の構へ　龍華国民学校だより 中河内郡龍華町の龍華国民学校では先生と学童が一体となって錬成道へ驀進している、朝礼のときは一同まず遙拝、校内奉安殿に対し『臣誰々誓って皇道を扶翼し奉る』と誓詞を口ずさみ、入室の誓を貼り出した教室へ秩序正しく入り、教壇中央に日の丸の旗、右に皇国の道、左に錬成の誓を大書した『教えの額』に敬礼『くもりなく朝日の旗に天てらす神のみいづをあふげ国民』と明治天皇の御■を高らかに奉誦したのち授業に移る（略）」とある。この記事からは朝鮮人の子どもの存在はみえないが、先の龍華小学校元教員の述懐からは同小学校に多数の朝鮮人児童が在籍していたことはたしかである。朝鮮人の子どもの教育に当局がなんらかの対応を取っていたのはたしかだと思えるが、一方では、月日を経るにつれ、いわゆる皇民化教育が進展していたのも記事から理解できる。

事件事故

「鮮人の迷子」（1928年4月15日号）。「さる12日午後5時ごろ大軌沿線[12]八尾停留所附近に花模様のモスリンの着物を着た5つになる鮮人の女の子の迷子を発見」とする記事である。もっとも、この子どもを「鮮人」と判断したのがみためなのか言葉なのかは記事からは判断がつかない。

「七人組西瓜泥」（1930年8月8日号）。「中河内郡南高安村大字教興寺（略）の西瓜畑に7人組の西瓜泥棒が入り込んだのを番人が発見（略）朝鮮生れ金〇〇（28）1人だけを捕へた」。ほかの6人が朝鮮人であったかは不明であるが、捕まった者が「朝鮮生れ」であることはしっかりと記載されている。

「苦しい世帯の100人を泣かす　1円掛けの頼母子講を2人がかりで横領費消」（1933年4月20日号）。「中河内郡八尾町大字西郷高〇〇（45年）同郡龍華町大字安中、黄〇〇（35年）の両名は（略）

『百人禊』と称する頼母子講をつくり100名の講員から毎月1円ずつ2回の掛金を集めていた」が、高○○と黄○○が「騙取費消していることが判明、八尾署で取調中」とされるものである。「被害者は何れもその日暮らしの労働者が多く無理な中から掛金していたので家族連れで毎日同署へ泣きついている」ともある。

頼母子講のトラブルについては、1970年代以降に大阪市生野区で育った筆者も幼少時から親の会話で幾度となく聞いた記憶がある。記事からはそのようなトラブルが1945年以前も以後もかかわらずあったのが理解できるが、これは在日朝鮮人が金融機関から融資を受けることができなかったがゆえのトラブルであったといえるであろう[13]。ただし、頼母子講自体は日本人の間でも行われていたのであるが、上述のような理由などから、朝鮮人の間ではよりトラブルも多発していたと考えられるだろう。

「井戸に墜死」(1933年8月22日号)。「21日午前10時南河内郡志紀村字老原趙○○の妻姜○○が長女○○(1年)をつれて関西本線志紀駅の附近で野菜取り中草原で遊んでいた○○(筆者注・長女)の姿が見えないので大騒ぎして捜したところ深さ15尺の野井戸の中で溺死していた」。

「大騒ぎして」とあるが、朝鮮人の話題に限らず、この頃の新聞記事には主観的な記述が多々みられる。子を見失って「大騒ぎ」するのは当然だと思えるが、朝鮮人が「大騒ぎ」したことが記事では強調されているようにも感じられ、それが朝鮮人への偏見を助長する効果をもたらしているとも感じる。

「病死した妻の死体を床下へ その足で職を探しに歩く 中河内郡の怪事件の謎解く」(1931年2月

9日号）。「7日夕刻、中河内郡北高安村大字神立（略）の古土蔵の床下から同家雇人趙○○（30）の妻かめこと李○○（31）の死体を発見したが同日正午ごろ趙が外出した（略）8日午前5時ごろ同家に立戻ったので取調べたところ、李はかねがね子宮癌を病み5日夜から俄に病勢が悪化し、6日未明に死亡したので死体の処置に困り床下を掘って埋め、自分はどこかへ職にありつくつもりで7日正午ごろ漂然同家を出たものであるといい、（略）現場で検視した結果大体病死とわかった」とある。

「かねがね子宮癌を病み」と「どこか職にありつくつもりで（略）家を出た」ということからは、病にあっても治療代をまかなうことができずにおり、葬儀費用に事欠く状況であったとも推測できる。

「芋畑から嬰児の死体 夫婦取調らる（1934年9月4日）。「龍華町字安中大同電力営業所南側芋畑の中から（略）嬰児死体を発掘するとともに龍華町安中人夫姜○○（35年）妻鄭○○（25年）の両名を取調駐だが最近同人らがさる6月嬰児を殺し前期の場所に埋めたとの噂が立った（略）取調べに対し両名は殺したのでなく死んだのだと申立てている」とある。

これが殺人であったか否かの後追いの記事はなく、どのように嬰児が亡くなったかは不明であるが、先の記事と同様に病にあったのかもしれない。また、これは死体を埋めたという記事であるが、死亡届を出さないままに埋めていたのかもしれず、あるいは、そのような届を出すことさえ理解していなかったのかもしれない。ただ、この「埋めた」という行為は、朝鮮では主流であった土葬ではなかったのかとも考えられる。

慈善行為・表彰

「感心な朝鮮人 八尾署で表彰」（1932年4月2日号）。この当時、「八尾署管内の内鮮協和会では300余名の会員をもち、また同署管内居住の朝鮮同胞の数は1500名に上」っていたという。

「同会総務揚○○（31年）および同郡大正村大字太田李○○（35年）両氏はかねてから内鮮融和に■力し、李さんの如きは（略）1000余円の貯金をし、同胞のために絶えず面倒をみてやっているが労働の余力で夜学校に通いついに卒業し、内地語も完全に話せるようになった、八尾署では2日の神武天皇祭に右両名に対し表彰状を贈りその篤行を讃えると」。

「字穴太セルロイド加工業金○○氏の妻金○○さん（27）は昭和13年10月から廃物利用節約をして貯金をはじめ17日1銭貨ばかりで1500枚を国防献金にと八尾署に寄託」（1941年2月18日号）。「床しい献金」（1945年2月16日号）。「海軍特別志願兵としてこのほど入団した龍華町長田○○君ほか35名の半島同胞は入団の途車中で全員所持金を出■い584円を国防献金にと（略）大阪海軍人事部に寄託した」。

「慈善行為・表彰」の3件はいずれも日本社会への同化をうかがわせるものである。最初の1件では「内地語の完全に話せるようになった」とあるが、朝鮮人の日本語習得の努力がたたえられるとともに、その努力が暗に期待されている。さらに、その表彰が「神武天皇祭」で行われていることは、朝鮮人の日本社会への同化が天皇制のもとで期待されていたことも理解できる。

後2件では、朝鮮人が日本の国防へと駆り出されている姿が明確にえがかれている。朝鮮人が積極的に日本の国防を担おうとしていたことも考えられるが、日本人と朝鮮人という強固な権力関係のなかでは、その発想自体が社会環境との相互作用によって培われてしまったものであったことはうたがいがない。さらには、日本名を名のっていても半島同胞と記されていることからは、日本名を名のっていようとも日本人、朝鮮人という各々の区分は明確であったことも読み取れるのである。

団体

1945年以前、現八尾市エリアに「内鮮共愛会」という団体があり、記事に頻出している。大阪府警察部特別高等課調査の「在留朝鮮人団体調（昭和8年12月末現在）」には「内鮮協愛会八尾本部」とあるが、おそらく同一団体であろう。同調査によると同会は「融和親睦系」かつ「朝鮮人ヲ主トスル団体」とされるもので、「中心人物」は「大平犬三」、「員数」505のうち「朝鮮人」500、「内地人」5となっている[14]。

この内鮮共愛会が最初に登場する記事は1928年11月11日号である。「八尾町が（略）高齢者に対し御下賜の養老杯■に酒肴料の奉授式を行い（略）聖壽無窮を祈り奉つた。催物は小阪町の小学児童千余名の旗行列を皮切りに（略）八尾署管内内鮮共愛会などの旗行列が引も切らず」というものであるが、「融和親睦系」とされるのも納得できる内容である。

ついで、1930年4月8日号に「内鮮共愛会総会」と題された記事がある。「中河内郡龍華町に本部のある内鮮共愛会では（略）春季総会を開き余興に教育映画などがあるが、同会は会員160余名で衛生思想の普及、職業紹介などにつとめる外夜学を開き会員の子弟の教養にも当たっていて非常な好成績を挙げている」とある。

1930年6月28日号では「内鮮共愛会支部を設置 大正村太田に」とあり、「事業の発達につれて漸次会員が増加し、殊に大正村太田方面には50余名の会員が出来たので、大正村太田支部を設置することに決し」とある。同会は、現在の東大阪市にあたる長瀬村にも支部を設置しており、1932年9月18日号には「橋場八尾署長、山本長瀬村長を始め地元有力者、同会会員ら多数が出席し盛会だった」とする発会式の様子がある。

同年11月15日号には「かねて建築中の会館を落成した」とあり、同11月17日号では「工費2000円を投じて新築中だった開館が竣工したので第3回総会をかねて16日午後1時から落成式を挙行した」とある。

これらの記事からは、同会が親睦、職業紹介や夜学を主催し、さらには自前の施設をも有していたことがわかるが、その手がかりを伝えるのはこれらの記事のみであり、先の『八尾市史』などにはもちろんふれられていない。また、その後、同会がどのような変遷をたどったかについても不明である。もっとも、その内実はともあれ、1945年以前に現八尾市エリアで在日朝鮮人のコミュニティ団体が組織され、多数の朝鮮人が参加していたことがこの記事からはわかる。

1940年7月13日には協和会結成の記事がある。「八尾署管内の半島人6000人で協和会八尾支会を結成、8月中旬発会式を挙行、衛生思想の普及、風俗の改善、精神作興につとめる」というものである。

同9月3日号には「協和会八尾支部会員1100名は一日龍華、八尾両町の各神社で皇軍武運長久を祈願した」とあり、同11月15日号には「協和会八尾支部員が銃後の奉仕」と題した記事がある。

これは「協和会八尾支部所属の半島出身者は自発的に16日の工場公休日に出征勇士遺家族の手伝ひをしたいと八尾署山本治安主任に申出た、16日会員各戸から一人づつ合計１０００人が出動、遺家族の稲刈入れの応援や洗濯、使ひ走りのお手伝ひに真心こめて勤労奉仕する」とあるが、記事のとおりにはたして本当に「自発的」であったのかは不明である。

同様の記事は以降にもある。１９４２年３月５日号「真心の献金つづく」と題した記事では「協和会八尾支部では新嘉坡陥落記念の献金貯蓄をはじめていたが１９１４円45銭となつたので（略）八尾署を通じ寄託した」。

１９４３年２月12日号「八尾協和会の金属供出」では「八尾署管内の協和会員は佳節の11日朝八尾署で記念式挙行後、金属回収を申合せ、それぞれ各戸から真鍮製食器を一つも残らず供出、さつそく献納した」とある。協和会が発足した１９４０年代以降の朝鮮人をあつかった記事はほぼ上記のような献金や奉仕のものである。

協和会は戦時下の在日朝鮮人の統制・抑圧・皇民化を推進した組織であり、朝鮮人の動向の監視、渡航・帰国管理、在住調査などを担当し、朝鮮人の皇民化の実施機関でもあったとされる。[15] 協和会と朝鮮人のかかわりをあつかったこの記事からは、朝鮮人が統制され戦時体制に組み込まれていった様子がくっきりと読み取れる。

3　1945年以降：主に教育について

以上、新聞記事、資料をもとに1945年以前をみてきたが、ここからは1945年8月15日以降、すなわち朝鮮解放以降についてみていこう。

民族学校

朝鮮の解放以降、朝鮮人による「国語講習所」が日本各地にでき、これがのちの民族学校となった。民族学校は1948年時で大阪府下に20校あり、約3000人が在籍していたという[16]。

これら民族学校のうち、八尾市萱振130（当時）に「朝連私立朝鮮中学校」と「朝鮮中学附属小学校」、「大阪朝鮮高等学校」があった。これら八尾の民族学校は、もとは大阪市生野区の大阪朝鮮中学校であったが、その建物が所有主の大阪市より明け渡しを求められたことで、八尾の廃校跡に1948年頃に移転してきたものである。もっとも、八尾にはその中学校移転前から朝鮮小学校があり、中学校の移転によって小学校はその附属小学校になったという[17]。

では、民族学校ではどのような教育が行われていたのだろうか。その述懐である[18]。

八尾移転後、生徒数が飛躍的に増えました。生徒達がどんどん集まってきたんです。1949年は、大阪朝鮮中の最盛期と言えましょう。4月の新学期には講堂まで仕切って教室をつくりましたが、それでも足りません。（略）親達の教育に対する熱意はすごかったです。大阪全域からは、いうまでもなく（略）滋賀兵庫などからも生徒たちをよこしてくる（略）いろいろ困難もありました。その一つに教科書があります。特に困ったのは民族科目の教材です。初期にはほとんど手作りでした。

先生方はみんな自主的に集まってきましたし、日本人の先生方もおられました。私たちは人材が不足しておりましたし、特に英語や理数科がそうでした。（略）日本人の先生方の来られた事情や考え方もそれぞれ違っていたのでしょうがみんな協力的で情熱をこめて教育に携われました。私たちの足らない点を補ってくれたのです。（略）私達、朝鮮人の先生は、生徒達に対して要求が高かったせいかもしれませんが、どうしても厳しくなりがちだったのにくらべて日本人の先生方は概して、より穏やかで優しかったようです。私達にとってはさびしい話ですが、生徒達は日本人の先生方により信頼感を寄せていたようです。

私が入った時、70名くらいおりました。だから、机に三人がけで坐って、あふれるような教室でした。（略）ちゃんとした基礎教育は、あの時代でしたからね。でも、数学や英語は日本の先生が教えてくれました。閉鎖後、日本の学校に言って〔ママ〕もレベルは低くなかったですよ。よくできると、賞めて下さったですよ（略）お昼ごはんなんかね、お弁当持ってこれない人がいてたり、さつまいももってきたりパンを持ってきたり。キムチだけ持ってくる子もいました。お昼の時間に机をみんな寄せて、みんな全部だすんですよ。それを分け合って食べて。お昼ご飯は本当にたのしかったですよ。全然へだたりもなく、だれがどうだってこともなく、みんなで分けて食べましたね。それが大きな思い出でしたね。後で、日本の学校へ行ってね、そんなふうにできないでしょ。お昼ごはん食べる時きゅうくつでつらかったですよ。

当時の八尾の民族学校では、「来られた事情や考え方もそれぞれ違っていた」とあるが、朝鮮人教員だけでなく日本人教員も教員として従事しており、しかも、「生徒達は日本人の先生方により信頼感を寄せていた」という。

その後の民族学校の変遷をみよう。１９４８年、ＧＨＱと文部省（当時）による民族学校閉鎖に対する抗議運動が阪神間で起こる。「阪神教育闘争」である。ＧＨＱの動きを受け、大阪府は一部の民族学校に閉鎖命令を発する一方で私立学校の認可を得るようにも求め、結果、八尾の小・中民族学校は私立学校の認可を文部大臣（当時）より得ている。

しかし、１９４９年、在日本朝鮮人連盟[19]に対してＧＨＱより解散命令が下され、先の認可を得た八尾の民族学校に対しても閉鎖命令が下されている。同校には閉鎖当時、「大阪朝鮮高等学校」30名、「朝連私立朝鮮中学校」８１５名、「朝鮮中学付属小学校」２０４名の児童生徒が各在籍していたという[20]。

民族学校の閉鎖にともない、１９５４年、大阪府教育委員会は「大阪府下における朝鮮人学校問題について」と題した文書を発し、朝鮮人児童・生徒の公立小・中学校での受入方針を打ち出した。この方針にもとづき民族学校に在籍していた朝鮮人児童・生徒の公立小・中学校での受けいれが行われていくこととなる。

公立小・中学校での民族教育

八尾市内では、市立龍華中学校[21]と市立竹渕小学校にて民族学校閉鎖後の在日朝鮮人児童・生徒の受入れが行われた記録がある。いずれも校区内に朝鮮人の集住地域を有しており、先の新聞記事にも同地域が頻出している。

１９７７年発行の龍華中学校の30年史には「元々本校には外国人生徒がたくさんいた」とある。その当時の状況からは、この「外国人生徒」が朝鮮人生徒であることはあきらかであろう。朝鮮人生徒が民族学校に通学していたばかりでなく、日本の公立学校にも多数在籍していたのである。

同校では、「24年（昭和・引用者注）に民族学校から生徒を受入れたこともあって、25年（同）から張徳煥先生を講師に迎えて、外国人生徒を対象に、希望者に朝鮮語学級が開設された。だいたい週２回（水・土）放課後、木造南校舎の南西端1階の当時の理科室で授業が行われ」るようになり、「それは本校ならではの姿であった」とある。[22]

この受入れを引用元の年表で確認すると１９４９年12月のできごとであり、同講師は１９４９年途中から１９５４年途中まで在籍していたとある。しかし、それ以降に朝鮮名の教員の在籍は年表では確認できず、現在の龍華中学校に朝鮮語学級は現存していない。

一方の竹渕小学校は、先の龍華小学校から１９４９年10月に分離独立した小学校である。１９７９年発行の同小学校30年史に李仁祚という教員が在籍したとあり、写真付きで紹介されている。「八尾市全体の中で、竹渕小は韓国の人が目立って多いので、地元との摩擦がおきないよう派遣された先生でした」とされ、在籍期間は1949年11月30日から1954年11月19日である[23]。

当時の八尾市広報誌『八尾市時報』では、「学校めぐり」と題した連載の第7回にて竹渕小学校が取り上げられており、同小学校での民族教育が「国際教育」として紹介されている。「同校（竹渕小学校・引用者注）では国際教育として府教委の承認を得て120名の朝鮮人児童は朝鮮語の特別教育を行っている。担任の李先生はこの教授について「一般常識を具備させる程度で一般家庭の十分なる理解と協力が欲しい、家族的環境に恵まれない子供が多く朝鮮語で聞いたり話をしたりする事は出来ても読み書きが出来ないから将来の希望として学校教育の運営に上朝鮮学級（特別学級）にしたい」と語られた」とある[24]。

4　1945年以降：市政上で可視化された外国人

『八尾市時報』第2号に「外国人登録と米穀通帳との照合について」と題する記事がある。これは、食料等の配給のため外国人登録と米穀通帳との照合を求めたものであり、日本名にて配給を受けているものは「本国名に、変更して配給を受けて下さい」とある[25]。

以降、先の竹渕小での「国際教育」とされる「朝鮮語の特別授業」の1件をのぞいて、市広報誌上で外国人にかんする記事が掲載されているのは、1970年代はじめまでほぼ「外国人登録」である。このことからは、八尾市行政にとって可視化され、かつ、重要な「外国人問題」が「外国人登録」であったことがうかがえ、さらには、市行政上、外国人が管理される存在として捉えられていたことも理解できる。

1963年6月10日発行の『議会だより』23号には、その当時実施されていた在日朝鮮人の朝鮮民主主義人民共和国への「帰国事業」に関連した「在日朝鮮公民の祖国との往来実現に関する決議」が全会一致で可決されたとある。[26]

また、同1966年2月5日発行号(36号)には、日韓国交正常化に関連した「在日朝鮮人の国籍変更に関する要請決議」がなされたことが掲載されている。これは、「政府は、外国人登録証に記入されている『韓国』を『朝鮮』に変更する措置を、希望する在日朝鮮人に対しては、すみやかにこれを認めるよう要請する」というものである。[27]

これら決議は、朝鮮総連が日本全国の地方議会に請願活動を行ったことで決議されている。その決議名から考えれば、在日朝鮮人の存在を朝鮮半島上の「祖国」から捉えているのが理解できるが、在日朝鮮人と朝鮮半島上の「祖国」との関係が一体化され、在日朝鮮人を「外国人」とする思考が強化されるような請願活動だったといえよう。

しかし、先述のとおり、市の重要な「外国人問題」が「外国人登録」であったその当時の社会の状況があり、かつ、八尾市行政は在日朝鮮人をあくまでも「外国人」として捉えていたのであり、これら決議と八尾市行政の姿勢はコインの裏表でもあった。

在日朝鮮人が「外国人」だからこそその生活上の困難は不可視化され、行政は「外国人登録」のような管理上の課題からでしか在日朝鮮人を捉えることができなかったのであるが、先の決議の請願からいえば、このような行政姿勢に加担したのはほかならぬ在日朝鮮人であった。

もっとも、八尾市行政当局も在日朝鮮人を身近な存在として捉えていたかは不明である。その一例が八尾市のローカル紙『河内新聞』1963年8月23日号にある。同年8月18日、「八尾市立公民館初の試み」として「国際交歓会」が行われ、「各国の外人が一堂に会して」「和やかに意見交換」がなされたというものである。

「八尾市立公民館では地域や社会のつながり合う身近い（ママ）外国人を招いて、それと同年配の日本人との国際交歓会をもって話し合うことを計画」したとあり、この場に「身近い（ママ）外国人」として登場したのは「カリホルニア洲のオーセル君（17歳）とインドのコロナ君（22）パキスタンのアリー君（23）東パキスタンのカリーム君」の3人で、「国柄も多彩に出席して日本人との話し合いの場をもった」とある[28]。

ここで「各国の外人」とされているのは、名前と国名から判断すれば、おそらく一見して「外人」とわかる者ばかりであり、その当時、八尾にもっとも多く居住していた「外人」である在日朝鮮人にはまったくふれられていない。この「交歓会」は「八尾市立公民館」の主催であり、すなわち市の主催であるが、つまりはその当時の八尾市行政の「外国人」への姿勢をみることができるのである。

以上から考えていくと、1970年代中頃までは、在日朝鮮人という存在は「外国人」として管理される存在ではあったが身近な存在ではない。つまり、管理対象としては可視化されているが、この地で共に生きる存在としては不可視化されていたのである。

そして、このような状況がトッカビ発足の一因になったといえるが、それについては次章にてふれていく。

脚注

1　在日朝鮮人だけでなく、八尾市に多く暮らす中国、ベトナム系住民の各生活文化が記されている。

2　市史編纂委員会・市史編集委員会（２０１９）『新版 八尾市史 民俗編』八尾市、２９０-３０７頁。

3　『大阪朝日新聞』は他紙と比較して検索および閲覧が容易であったことから限定して取り上げた。したがって、同紙以外で報道された朝鮮人をあつかえておらず、本章の限界でもある。本章が用いた朝日新聞「聞蔵Ⅱビジュアル」（アクセス当時）では１８７９年1月から１９４５年4月までの縮刷版がデジタル化されて収録されており、その間の地域面等を一面ずつ閲覧して現八尾市エリアの朝鮮人関係の記事を収集した。ただし、その間でも欠号や未収録となっていた時期もあった。

4　参考までに記すと、１９２８年10月7日号には「代議士選挙の鮮人有権者数 府下で４７００余人 府議より１３００名増加」とあり、もっとも多いのは「東成区の１２０２名、港区の７０３名、東淀川区の５１６名」とある。１９３０年2月4日号には「朝鮮人有権者８３００余人」とある。大阪府特高課が大阪府居住朝鮮人有権者の調査を終えたという記事で、「府下在住の朝鮮人は男女合して6万７９７２人うち、有権者は８３９７人である、各区別では第1区８７９人、第2区９０７人、第3区１０５６人、第4区４３８１人、第5区５４１人、第6区６３６人」となっている（有権者の合計は正しくは８４００人になるが、原文のまま引用）。このうち、現八尾市エリアは第5区にあたる。

5　松田利彦（１９９５）『戦前期の在日朝鮮人と参政権』明石書店、36-38頁。この普通選挙法の成立によりそれまでの納税要件が撤廃されたが、「公私ノ救助ヲ受ケ又ハ扶助ヲ受クル者」などが欠格要件として加わった。なお、厳密には寄留届を提出して居住1年以上である。

6 『在日コリアン辞典』によれば、1910年の韓国併合以降、日本に渡航した朝鮮人の居住台帳、移動（寄留）登録、居住人口把握など基本的な台帳の作成は警察が行っていた（国際高麗学会日本支部『在日コリアン辞典』編集委員会（2010）『在日コリアン辞典』明石書店、332頁）。

7 大阪府特別高等課（1933）「朝鮮人ニ関スル統計表」、朴慶植編（1982）『在日朝鮮人の生活状態（解放前）朝鮮問題資料叢書 第3巻』所収、三一書房。

8 ただし、たとえば「慈善行為・表彰」の内容であっても内容によっては別区分としたものもあり、いずれも厳密な区分ではない。「事件事故」では不法行為・犯罪などの記事をあつかうが、これをもって朝鮮人に犯罪者が多いということではないのは強く留意したい。また、紙面では当時の朝鮮人の呼称が「朝鮮人」「鮮人」「半島人」「半島同胞」と変遷しており、たとえば、「半島同胞」は、1941年の日米開戦後の戦時動員体制が進行するなかで、紙面上でその呼称が増加しつつあると紙面から読み取れる。したがって、当時の社会情勢と朝鮮人へのまなざしを理解する材料としてそのまま掲載する。さらには、これらの呼称について現在では差別表現とされるものもあるが、そのまま掲載した。記事内容は紙面のままとし、フルネームで登場する朝鮮人の名前は一部を○で伏せた。文字が判読できなかった箇所は■としている。仮名遣いは原文のままとし、漢字は現在使用されている常用漢字に、数字は原文では漢数字であるが、読みやすさを考慮してすべてアラビア数字に変更した。

9 「在大阪朝鮮人活躍全貌（1）」、外村大、韓載香、羅京洙編（2015）『資料 メディアの中の在日朝鮮人 在日朝鮮人資料叢書11』所収、緑蔭書房、167-194頁。

10 前掲「朝鮮人ニ関スル統計表」。

11　八尾市立龍華小学校創立百周年記念誌編集委員会（２００８）『創立百周年記念誌「龍華」』八尾市立龍華小学校創立百周年記念事業実行委員会、53頁。

12　現・近鉄大阪線。

13　『在日コリアン辞典』によれば、頼母子は金融を目的とするものと親睦を目的とするものとがあり、朝鮮時代から相互扶助の方法として定着しており、今日の韓国でも残っているとされる。また、在日朝鮮人の間では金融機関からの融資を受けることができなかったこともあって、とくに女性が中心となって戦後もさかんに行われていたとされる。そして、「子」が掛け金を払わず行方をくらますことや、あるいは集金した掛け金を分配しないまま「親」が逃亡するなどのトラブルのもとになったともされる（国際高麗学会日本支部『在日コリアン辞典』編集委員会［2010］『在日コリアン辞典』明石書店、２６５頁）。

14　注７と同じ。

15　国際高麗学会日本支部『在日コリアン辞典』編集委員会（２０１０）『在日コリアン辞典』明石書店、１１９頁。

16　社団法人 郷土教育協会（１９４９）「日本教育年鑑１９４９年版」、内山一雄・趙博編（１９８９）『在日朝鮮人民族教育擁護闘争資料集Ⅱ』所収、明石書店、１２４－１２８頁。

17　八尾市教育委員会（１９９３）『１９９３年度（平成５年度）国際理解教育・在日外国人教育研究実践資料集（第11集）』、63－69頁。

18　同資料。

19 1945年の解放後、在日朝鮮人を糾合する汎民族組織として発足した。その左傾化に反発して現在の在日本大韓民国民団（民団）の前身にあたる「在日本朝鮮居留民団」が1946年に発足した。GHQによる在日本朝鮮人連盟への解散命令後は後継組織として1951年に「在日朝鮮統一民主戦線」が結成され、1955年に現在の「在日本朝鮮人総聯合会（総聯）」となった。民族学校は在日本朝鮮人連盟の影響下にあった。

20 大阪府教育委員会事務局学事課（1954）「大阪府下における朝鮮人学校問題について」、内山一雄・趙博編（1989）『在日朝鮮人民族教育擁護闘争資料集Ⅱ』所収、明石書店、75－107頁。

21 現在の正式な表記は「龍華中学校」であるが、記念誌での表記はすべて「竜華中学校」である。

22 八尾市立竜華中学校30周年記念誌発行委員会（1977）『竜中30年史』、13頁。

23 八尾市立竹渕小学校 八尾市立竹渕小学校P.T.A（1979）『三十年のあゆみ 昭和24年10月31日創立』、47頁、52頁。

24 八尾市立図書館「地域資料デジタルアーカイブ 八尾市時報1951（昭和26）年 第36号6月20日」http://web-lib.city.yao.osaka.jp/yao/yao-archive/pdfs/1951/118519966-0037s.pdf（2019年11月21日アクセス）。

25 八尾市立図書館「地域資料デジタルアーカイブ 八尾市時報 1949（昭和24）年第2号3月」http://web-lib.city.yao.osaka.jp/yao/yao-archive/pdfs/1949/118519966-0001s.pdf（2019年11月21日アクセス）。

26 八尾市立図書館「地域資料デジタルアーカイブ 八尾市時報1963（昭和38）年第250号6月10

日」http://web-lib.city.yao.osaka.jp/yao/yao-archive/pdfs/1963/118519974-0081s.pdf（２０１９年11月21日アクセス）。

27 八尾市立図書館（2014d）「地域資料デジタルアーカイブ 八尾市時報 １９６６（昭和41）年 第３０４号 ２月５日」http://web-lib.city.yao.osaka.jp/yao/yao-archive/pdfs/1966/118519974-0135s.pdf（２０１９年11月21日アクセス）。

28 河内新聞社『河内新聞』１９６３年８月23日発行号、２面。この３人の選出の経緯は記載されておらず、あきらかではない。

第2章　トッカビ子ども会の発足と部落解放運動

鄭栄鎭

1　はじめに

本章では、トッカビ発足時の経緯とそれに影響をおよぼした在日朝鮮人の部落解放運動へのかかわりについて、両者の資料を紐解きながら検証していく。

後述するが、トッカビが発足した八尾市の安中地域ではトッカビ発足以前より部落解放運動が取り組まれて住環境の改善などで大きな成果を上げており、トッカビの運動はこの地域内の部落解放運動から大きな影響を受けている。部落解放運動があったからこそトッカビの運動がうまれたとも換言できる。

これから検討していくが、トッカビの発足に部落解放運動が大きな影響をあたえたのはたしかであるが、要因はそれだけではない。１９６５年の日韓基本条約および法的地位協定などの締結にともなう「韓国籍」保有者の「協定永住」資格の取得、１９６０年代の学生運動や入管法改定反対闘争、１

９７０年の日立就職差別裁判の提訴と勝利などの社会的状況をも含めて考慮する必要があるのは当然である。

さらに「協定永住」資格の取得や日立就職差別裁判の提訴などからあきらかのように、在日朝鮮人の日本定住が疑いのない既成事実と化したことなども考慮すべきであるが、本章では部落解放運動との関係に焦点化する。

２　トッカビの発足までの経緯

では、トッカビ発足まで八尾での在日朝鮮人と部落解放運動の関係がどのようにえがかれていたのかを、トッカビ、部落解放運動の資料からみていこう。

部落解放運動の資料から

まずは部落解放運動の資料である。トッカビが発足した安中地域での部落解放運動は１９６５年にはじまったとされる。その当時、同地域では「入りくんだ細い路地にへばりつくように建てられたバラック。共同便所に共同井戸。トタン屋根にあたる雨音と雨漏りや『ニカワ・ブタ毛』の異様な匂いといった悪環境。学校に行かれず働く子ども達。『字』を奪われ屈辱な思いをした日々。貧困と差別の中であえいでいた村の人達は、それでもしたたかに、力強く・時には怒り・泣き・笑いながら生き続け」たとあり[1]、このような劣悪な環境下での生活を強いられていた被差別部落住民が団結して、自動車運転免許取得、公営住宅、更生資金等の各要求者組合がつくられ、その運動の過程で部落解放同盟支部が結成されたとある。[2]

これらの運動には地域内に居住する在日朝鮮人が数人参加したという。そして、運動によって公営住宅建設を市当局が確約するという結果がもたらされたものの、在日朝鮮人は外国籍であるため入居できないことがのちにあきらかになったという。

さらに、「このたたかいは住宅要求とあわせて更生資金の増額がふくまれていた。従来の5万円を10万円に増額させることに成功させた。ところが、これも朝鮮人は適用から除外された。住宅、更生資金とともに〝はずされた〟朝鮮人の怒りは大きかった。そこで支部は『同じように運動してきたのだから』と、つぎのような措置をとった。部落民がうけとった10万円のなかから、一律に2万円を〝天引き〟して、朝鮮人にまわすというものであった。支部員はみんな賛成し、ことはスムーズに運んだ」とされている。[3]

この「みんな賛成」が、はたして積極的であったのか、それとも、部落解放同盟支部役員からの度重なる説得によってなのかはあきらかではない。ただし、共に運動に取り組み成果を得たことや、それらを供出・分配したことでなんらかの連帯意識が育まれたとは考えられる。

ただし、「住宅要求闘争に参加しながら、資格がないということで入居できなかった朝鮮人たちの怒りと失望は大きかった。部落解放運動への不信がうずまくなか、芽ばえかけていた民族差別に対するたたかいの気運も次第に弱まっていった。いや、まったく影をひそめてしまったといってもよかった」[4]とあり、部落解放運動への不信が生じたとともに、「芽ばえかけていた」という在日朝鮮人の独自運動への志向が消失したともある。

この住宅要求闘争から約10年後、地域内で中学生の非行事件がおこり、学校と部落解放同盟支部の教育担当者との協議が行われ、そこで「『非行は部落差別に負けた結果』というように分析がなされた。ところが、非行グループのうち約半数は朝鮮人生徒であり、高校友の会などの活動を通して『めざめてきていた』朝鮮人青年から『民族差別の問題をぬきに非行はなくならない』という当然の指摘が行われた」という[5]。この朝鮮人青年は中学校時には学校内での民族差別を告発していたとされ、さらに「高校生になって、よりはっきりと朝鮮人としての民族的自覚が生まれた（略）差別とたたかうことを教えたのは在日朝鮮人一世たちの〝たたかいの歴史〟であり、部落解放運動であった。安中支部の高校生友の会の中心的なメンバーとして活動し、その彼に〝刺激〟され、何人かの朝鮮人高校生が参加してきた。彼らは朝鮮民族の歴史や文化などを学び、民族差別の問題をほりさげて学習する一方で、部落解放運動にも積極的に参加していった[6]」とある。引用からは、この朝鮮人青年が部落解放運動に積極的に参加し、そこで「差別とたたかうこと」を教えられたことによって先の指摘ができるに至ったと推察できる。

そして、「こうした経過のなかで、朝鮮人生徒に対する具体的な取り組みがスタートした（略）地区内の朝鮮人中学生5人が参加して、学習会がスタートした[7]」とある。この学習会をもとにしてトッカビはのちに発足した。

トッカビの資料から

ついでトッカビの資料からその発足までと部落解放運動との関係をみていこう。以下の引用からはトッカビ発足時、在日朝鮮人が置かれていた状況が理解できるが、そのような状況への抗いがトッカビ発足の一因でもあった。

> 私たち「トッカビ子供会」は、八尾の（略）被差別部落で生まれました。（略）地区には朝鮮人が多く住んでいて、その大半がきびしい差別のため不安定な暮らしをいとなんでいます。子供達は、小学校から中学校にかけて自分が朝鮮人であることを知りはじめます。しかしそれは、かならずしもおだやかなものではなく、日本人から差別され、ぶじょくされることによって『汚いもの』『見下すべきもの』『そこから逃げださなければならないもの』として自分が朝鮮人であることを自覚します。この様な厳しい状況の中で子供たちは、非行にはしったり、勉強がいやになったり、かたいからにとじこもったりして、**ゆがめられた人生**を歩むことになるのです。そこで、私達安中の朝鮮人青年は、自分たちの弟妹たちが、せめて自分の祖国や民族にほこりをもてるようにしたい、私達がこぼした涙はけっして2度と子供達にひろわせてはならないという一心で「トッカビ子ども会」をつくるはこびになりました。[8]（傍点原文）

では、トッカビ発足の経緯である。資料には「1965年（略）公営住宅建設を求めて、部落解放運動の炎が燃え上がりました。当初は、住宅要求者組合としての運動でしたが、たたかいの勝利とともに、解放同盟安中支部の結成へと発展しました。このたたかいにも、地区内の朝鮮人が参加しました[9]」とある。

ついで、「住宅は建ったものの、建設局長通達によって公営住宅に『国籍条項』が設けられており、結局入居はできませんでしたが、ほぼ同時にかちとった更生資金については、日本人が自分の借り入れ分を差し引いて出し合い、朝鮮人とわけあうという連帯意識の芽ばえも生まれました[10]」とあり、トッカビの資料においても部落解放運動への在日朝鮮人の参加がふれられており、あわせて、被差別部落住民、在日朝鮮人の間になんらかの連帯意識があったことがえがかれている。

「その後、解放奨学金、特就費については、国・府が補助対象としていない朝鮮人に対して、市が独自に財源を組んで支給させる制度も勝ちとり、教育守る会、また保育守る会に朝鮮人が多数参加するようになりました[11]」として、部落解放運動が主体となって在日朝鮮人の諸権利を確保するための運動があったとある。

そして、「トッカビ子ども会が生まれる前、すでにこのような部落の人々と朝鮮人の関わり、わけても解放運動に参加することによって学んだ反差別の意識が、朝鮮人の中にも存在していたことは、後の子ども会、保護者会の結成にとって一定の影響を与えることになりました[12]」とある。つまり、部落解放運動への在日朝鮮人の参加とそれによりなんらかの成果を得たことが、のちに部落解放運動とは異なる、トッカビという在日朝鮮人じしんの運動を生んだことが示唆されている。

では、どうして、トッカビは部落解放運動とは異なる運動としてうまれたのであろうか。これまでみてきたが、部落解放運動への参加によって在日朝鮮人が成果を得たことはたしかであり、ならば、別個の運動として行う必要性は弱かったと考えられなくもない。後述する。

その後、「安中の解放運動が朝鮮人に対する解放奨学金等をかちとったことは、同時に奨学生の集り〔ママ〕である『部落解放高校生友の会』への朝鮮人高校生の結集へとつなが」り、「民族差別から逃げることしか知らない高校生が、友の会の活動の中で部落差別を学び、そこから差別全体の構造、その不当性とたたかうことの必要性を知り、自らのおかれている朝鮮人としての民族的・社会的立場にめざめ」たという[13]。

ついで、この「高校生友の会」のなかで「朝鮮人問題学習会」が一時的に組織され、この頃から「朝鮮人にとっても差別とたたかう運動の必要性が意識されはじめ」とされている[14]。また、この高校生友の会のみならず、解放子ども会の小学生・中学生部会にも朝鮮人が多数参加しており、その部会では朝鮮人の子どもたちが活動の先頭に立つことも少なくなく、部落解放運動、狭山闘争には積極的に参加するものの、いざ民族差別のこととなると固く心を閉ざすという光景があったという[15]。これについて、「この当時の子どもたちは、自らを被差別部落民＝日本人になぞらえることによって朝鮮人である現実から逃避しようと考えていた[16]」とある。

その後、先述のとおりに地域内で非行事件が起き、その対策会議にて在日朝鮮人の立場から、「声高に、彼らの置かれている民族差別の現実、朝鮮人であることを知りつつも、一切そのことを口に出そうとしない教師の無責任さを批判」があったという[17]。その批判に対して教師から反省と取り組みへの決意がなされたが、一方では、「日本人教師への批判は、それはそれとして必要であり、有効ではあったものの、他方、中学生の先輩である朝鮮人の青年たちの側には責任が無いとは言えませんでした。中学校、日本人教師の側の責任と、朝鮮人側の責任、そしてなすべきとりくみもまた各々立場は違っても存在する」[18]との考えから、先述の中学生の学習会がはじめられ、これがのちにトッカビとなった。

以上、トッカビ発足までの在日朝鮮人と部落解放運動の関係がどのようにえがかれてきたかを部落解放運動、トッカビの各資料からみてきたが、いずれも、住宅要求闘争への参加とその成果からの排除がのべられている。つまり、それらがトッカビ発足の一因になったと推察できることを、まずはここで確認しておきたい。

3　トッカビの発足への部落解放運動の影響

ここからは、トッカビの発足にかかる部落解放運動の影響について検討していく。そのうえで、トッカビが部落解放運動とは異なる運動としてどのようにうまれたのかについて考察をすすめていく。

先に検証したとおり、トッカビ発足以前より数人の在日朝鮮人が地域の部落解放運動への参加経験を有していた。これは、地域の住環境改善のため、かつ、みずからの生活環境向上のためであり、地域住民という立場からの自分たちの生活環境を向上させるための行動であったといえる。

しかしながら、日本人と共に闘った運動によって公営住宅建設などの成果を勝ち取ったにもかかわらず、在日朝鮮人は外国籍であるために排除されている。この運動への参加と排除は、在日朝鮮人がみずからを地域住民と規定する一方での、外国人であるために排除されたという記憶と、みずからを外国人とする思考が強化される結果がもたらされたのではないだろうか。

この排除によって、「住宅要求闘争に参加しながら、資格がないということで入居できなかった朝鮮人たちの怒りと失望は大きかった。部落解放運動への不信がうずま」いたとされており[19]、この排除によって在日朝鮮人が部落解放運動への失望と日本人が主体となる運動に対する限界を感じ取ったのはたしかだと思える。

その後、「解放奨学金、特就費については、国・府が補助対象としていない朝鮮人に対して、市が独自に財源を組んで支給させる制度も勝ち取り、教育守る会、また保育守る会に朝鮮人が多数参加するようになりました[20]」とある。在日朝鮮人が対象となる公的制度を運動によって勝ち取ったことによって在日朝鮮人が受給者組合等に参加することになり、あわせて、「安中の解放運動が朝鮮人に対する解放奨学金等をかちとったことは、同時に奨学生の集り(ママ)である『部落解放高校生友の会』への朝鮮人高校生の結集へとつながってゆきました[21]」という。

そして、「民族差別から逃げることとしか知らない高校生が、友の会の活動の中で部落差別を学び、そこから差別全体の構造、その不当性とたたかうことの必要性を知り、自らのおかれている朝鮮人としての民族的・社会的立場にめざめ」たとされている[22]。

ここでいう「朝鮮人としての民族的・社会的めざめ」とは、会の活動に参加した在日朝鮮人がまずは部落差別を学んだことによって得たものである。部落差別を学ぶことで「自らのおかれている朝鮮人としての民族的・社会的立場にめざめ」たとあり、差別全体の構造と不当性が被差別部落だけでなく在日朝鮮人にもおよぶとの理解に至っているのはたしかである。しかしながら、その「めざめ」とは部落差別を学ぶことで自己を被差別部落住民と自覚し、同一化したもので得たものであり、みずからを在日朝鮮人と自覚したうえで在日朝鮮人差別への気づきを得たとはいいづらいものである。

以上からは、トッカビの運動をうみだした在日朝鮮人の部落解放運動への参加の経験は、あらためて次のように整理できる。

① 在日朝鮮人の地域の部落解放運動への参加による成果を獲得した経験

地域における部落解放運動への在日朝鮮人の参加は、地域の生活環境の向上などを求めることから も、在日朝鮮人がみずからを外国人と認知するよりもまずは地域で暮らす住民と認知する思考が不可欠である。部落解放運動への参加とは部落差別への闘いと行政への要求に参加することであるが、在日朝鮮人が部落解放運動に参加し、差別と闘い、かつ、成果を獲得した経験は、差別との闘いによってなんらかの成果を得る可能性があることを在日朝鮮人が理解するに至るものであった。

② 外国人として排除された経験

一方では、在日朝鮮人が部落解放運動の成果から外国人として排除された経験は、在日朝鮮人がみずからを地域住民と認知する以上に、自己が外国人であるとする認知を強める効果をもたらした。

③ 差別構造の学習の経験

部落差別を学ぶことで差別の構造が在日朝鮮人にもおよぶと知ったとあり、被差別部落住民、在日朝鮮人が被差別の立ち位置にあるマイノリティとして同一化されている。同一化しているからこそ、部落解放運動が運動を展開し成果を得たと同様に、同じ被差別マイノリティ、そして、地域住民の立場から行政に対する権利獲得運動をトッカビが展開したと推察できる。

トッカビは発足間もない時期に、在日朝鮮人の公営住宅への入居、児童手当の支給を求める運動を行い、いずれも成果を得ている。この運動のビラには、先の部落解放運動支部による公営住宅入居の運動と入居からの排除を「支部が結成された40年（昭和・引用者注）当時、住宅要求者組合の中には、同胞が数人入って活動していましたが、結局入居の時点でだめになりました。その理由は、まず法律的に見て入れないこと、同胞自身の運動がなかったことなど」とある。[23] 在日朝鮮人の運動がなかったゆえに入居が叶わなかったとしているが、裏を返せば、それがあれば住宅入居ができたとしているのである。ここから推察しても、部落解放運動への在日朝鮮人の参加とその成果から排除された経験が在日朝鮮人の独自組織であるトッカビをうみだしたといえる。

トッカビ発足にかかわった先の朝鮮人青年は、「まず部落差別というのを先に知って、そのあとから、朝鮮人差別を自覚するようになった。そのなかで部落解放運動に参加していったが、ぼくらには解放運動だけでは解決できない問題がたくさんあることに気づいた。そして同胞の子ども会を組織してみようという方向へ発展していったんです。しかし、ぼくらが解放運動によって育まれたのは動かしようのない事実です[24]」として、トッカビの発足に部落解放運動からのなんらかの影響があったことを認めている。

これまでの検証からは、トッカビが「解放運動によって育まれた」のはたしかである。もっとも、「育まれた」というだけでは部落解放運動からの影響のうち見過ごしてしまうものがある。つまり、トッカビは、在日朝鮮人の部落解放運動への参加とその諸経験によりうみだされたというべきであり、さらには、これらの諸経験のゆえに部落解放運動とは異なる在日朝鮮人独自の運動としてうみだされたのである。

4　トッカビと部落解放運動の相互作用

以上、トッカビの発足とそれへの部落解放運動の影響をみてきた。部落解放運動の影響によってトッカビは発足したものの、トッカビの運動は地域内では歓迎されず、「トッカビのたたかいが始まったころ、ムラの一部の人たちの間に反発があったのも事実」とある。[25] それまで地域内で一本化されていた部落解放運動、あるいは市への要求運動が分散されたことへの批判であり、運動が分散されたことで運動そのものが弱体化することへの危惧があったと考えられる。

ここであらためてトッカビ発足までの安中地域の部落解放運動をみてみよう。同地域では保護者たちによる「教育守る会」が１９６９年に発足したとされている。同会では、「当初もっぱら部落の子の教育をどうするかが中心的な課題になって、朝鮮人児童まで〝視界〟にはいらなかった」とある。[26] 同様に、当時の部落解放同盟支部副支部長も、「部落の子も、朝鮮人の子もない、みんないっしょくたに考え、それで疑問らしい疑問の声もでなかった」[27] といい、在日朝鮮人の課題が課題と認知されてはいなかったことがわかる。

さらに先に引用した非行事件と「非行は部落差別に負けた結果」との分析は、「部落の子も、朝鮮人の子もない」として「いっしょくたに考えていた」象徴的なできごととされている。[28]

つまり、先の引用にみられるトッカビへの批判は、部落解放運動から在日朝鮮人の存在が欠落していること、あるいは被差別部落住民の課題と在日朝鮮人の課題が同一視されることによって生じていたといえる。

もっとも、これらの批判はのちに「部落の子も、朝鮮人の子もない、みんないっしょくたに考え、それで疑問らしい疑問の声もでなかった。それはまちがっていると気づいた」として、「ともにたたかうなかで、朝鮮人も日本人も変革されていった」とされている[29]。

トッカビの例からいえば、被差別部落住民、在日朝鮮人とも同じ地域に暮らす住民であり、同じ被差別の立ち位置にあるマジョリティである。しかし、日本国籍を保有する被差別部落住民、被差別部落の課題と外国籍である在日朝鮮人の課題は異なる。

トッカビニュース号外

1977年7月31日

地域の斗かう部落民のみなさん

私達トッカビ子ども会は、三年前にこの安中に誕生しました。この安中では多くの子ども達が部落子ども会に組織されています。朝鮮人の子も結集しています。しかし、朝鮮人の子は部落の子ども達とは違った形で差別を受けています。日本の中での朝鮮人の法的な権利をはじめ日常生活すべてにわたって朝鮮人であることが差別の対象とされています。民族差別の結果、子ども達は学校では自分が朝鮮人であることを隠し日本人になろうと努力します。その過程で子どもは、非常に歪んだ成長を強いられ、部落差別と同様、「非行」へとはしっていくのです。大人の多くが歩んできた道を子どもには歩ませたくありません。朝鮮人であることの自覚と誇りを武器に、不当な差別と斗う力強い子どもを育てていかなければなりません。

〈さらに力強い日本人と朝鮮人の連帯を〉

トッカビの子どもはまず部落の子に対して本名宣言を行ないました。ともに差別と斗うものとして、真に手をつないでいかねばならないと思います。お互いの立場を自覚した強い連帯をさらにうちたてましょう。

差別と斗かう子ども作りを共に歩もう！

図1　トッカビニュース号外（1977年7月31日）
特定非営利活動法人トッカビ所蔵

たとえば、在日朝鮮人の多くは日本うまれで世代を重ねていったとしても法的には外国籍となり、トッカビの例から先に検証したとおり、外国籍であるがゆえに公営住宅入居が叶わなかったように、日本籍者が直面することのないさまざまな制限にあわざるを得ない。また、在日朝鮮人は、差別を避けるためなどを理由として自らの民族名や民族的ルーツをあきらかにする者はけっして多くなく、日本名での生活を続けている者が大多数である。このわずかな例からも部落解放運動と在日朝鮮人運動との課題が異なることが理解できるが、そのような違いを部落解放運動に参加する被差別部落住民のみならず、運動のリーダー層も当初は理解していなかったのである。

しかしのちには、トッカビが「民族差別事件（略）のときなど、いつも支部や支部子ども会の姿が私たちとともにあった。私たち自身も部落問題を学ぶことができた[30]」というような変化が生じている。

さらに、1978年に八尾市教育委員会が打ち出した在日外国人への同和奨学金の支給廃止に対する反対闘争では、同奨学金を受給する日本人高校生が対市交渉の場において「『朝鮮人をカットするんやったら、ぼくらは奨学金受けとらん』と涙まじりにつめより、事実、一時、受取りを拒否したこともあった」ことがあったともいう[31]。

以上の引用からは、部落解放運動、トッカビの運動とも、ともに闘うことによって各々の課題の違いを理解し、双方への批判をのりこえ、その相互作用は互いに好影響をあたえたと考えられるのである。

5　部落解放運動との共闘を考える

では、どうしてトッカビは部落解放運動と共闘していったのか。結論からいえば、その要求をより実現するための「近道」であったためである。

安中地域内では部落解放子ども会の活動がトッカビの発足以前からあり、部落解放運動の要求による同和対策事業が伸展したことで、これに対する公的支援が行われていた。一方、トッカビの教育活動は無償ボランティアとしてはじまり、他のボランティア活動と同様に、活動基盤の整備、特に活動財源の確保には多くの苦難があり、初期にはスタッフによる土木作業などのアルバイト、靴下な

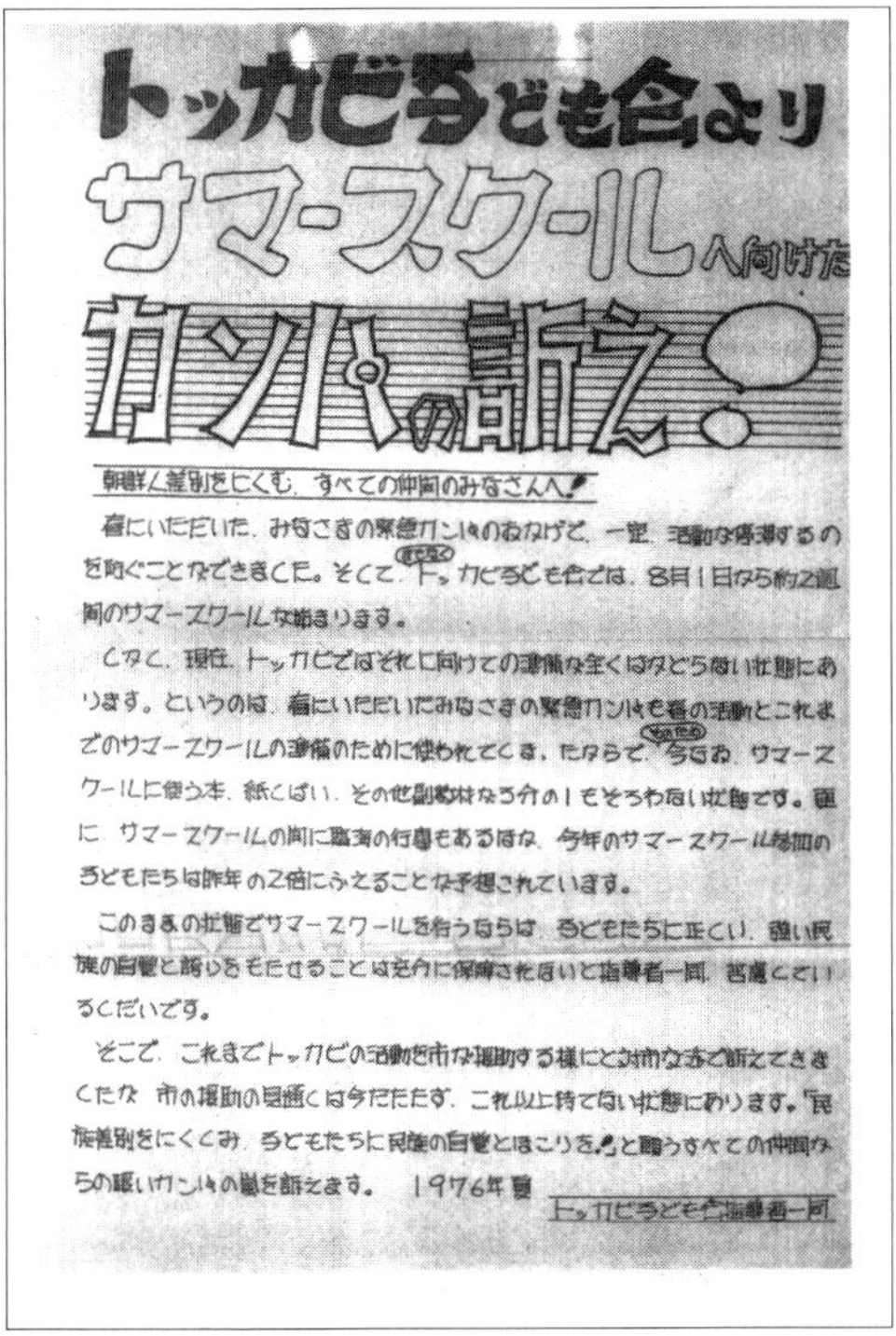

トッカビ子ども会より
サマースクールへ向けたカンパの訴え！

朝鮮人差別をにくむ、すべての仲間のみなさんへ！

春にいただいた、みなさまの緊急カンパのおかげで、一定、活動が停滞するのを防ぐことができました。そして、トッカビ子ども会では、8月1日から約2週間のサマースクールが始まります。

しかし、現在、トッカビではそれに向けての準備が全くはかどらない状態にあります。というのは、春にいただいたみなさまの緊急カンパも春の活動とこれまでのサマースクールの準備のために使われてしまったからで、今では、サマースクールに使う本、紙、ばい、その他副教材が3分の1もそろわない状態です。更に、サマースクールの間に臨海の行事もあるほか、今年のサマースクール参加の子どもたちは昨年の2倍にふえることが予想されています。

このままの状態でサマースクールを行うならば、子どもたちに正しい、強い民族の自覚と誇りをもたせることは充分に保障されないと指導者一同、苦慮しているしだいです。

そこで、これまでトッカビの活動を市が援助する様にと対市交渉で訴えてきましたが、市の援助の見通しは今だたたず、これ以上待てない状態にあります。「民族差別をにくみ、子どもたちに民族の自覚とほこりを！」と闘うすべての仲間からの暖かいカンパの輪を訴えます。　1976年夏

トッカビ子ども会指導者一同

図2　サマースクールへのカンパを呼びかけるビラ（1976年）
特定非営利活動法人トッカビ所蔵

どの物品販売、保護者によるキムチ販売などで活動経費を賄っていた。同じ地域内の活動とはいえ、同和対策事業の対象であるか否かで公的支援の有無があった。

このようななか、1975年にトッカビの教育事業は「解放同盟安中支部内組織として位置づけ」られ[32]、地域内に設置された市立青少年会館において行政が実施する同和対策事業の教育事業の一部としてあつかわれることとなった。これによってトッカビは公施設の利用が可能となり、また、一定の活動財源を市より確保するに至っている。つまり、トッカビが活動基盤の安定のために選んだのが部落解放同盟支部内の組織として位置づけられることであるが、これは部落解放運動の「傘下」に入ったともいえる行為である。これについてトッカビは「諸情勢をかんがみた上で私たち自身が望んだ[33]」としており、トッカビは独自組織としてあゆみながらも部落解放運動を「利用」することで活動の安定化をはかったといえよう。

独自組織として運動を展開しつつも部落解放同盟支部内組織として位置づけられており、一見すると矛盾する行為ではある。しかし他方ではトッカビの運動方針、日々の事業運営は部落解放運動の方針に沿っておらず、トッカビが独自で策定している。したがって、トッカビの部落解放運動の「傘下」入りは、あくまで財源と活動場所確保のための行為であった。

では、どうしてそのような行動をとったのか。運動の展開という視角からみていくと、トッカビは韓国民団、朝鮮総連といった日本各地に支部があるような全国組織ではなく、一地域のみに活動拠点をおく小さな組織である。しかも発足間もないことから知名度も低く、在日朝鮮人を代表する組織として行政から認知されづらかったことが容易に想像できる。そのような組織が単独で運動を展開し、行政等を相手に権利を要求するには力不足は否定できない。トッカビのような小さな組織の要求を行政に届け、それらを受けいれさせるためには、行政となんらかのパイプがある組織との共闘や支援のもとで行う方が単独で行うよりもたやすくなるのはあきらかである。すでに行政を相手に運動を展開し、実際に要望を実現してきた部落解放運動はトッカビにとっては運動のロールモデルであり、かつ、行政とのパイプを有する身近な存在であった。

つまり、トッカビが在日朝鮮人の課題解決をはかるためには部落解放運動と共闘する必要があり、それは課題解決への「近道」でもあった。もっとも、トッカビが部落解放運動を「利用」しつつも独自の運動を展開する「相互不可侵」ともいえる関係は、両者になんらかの「信頼関係」がない限りは不可能だったともいえる。

部落解放運動とトッカビの両者は、部落解放運動の側からは「部落解放運動のなかで育ち、〝独立〟し、今は支えあうという連帯の輪のなか[34]」にあるとされ、きわめて良好にえがかれている。

一方では、「トッカビのたたかいが始まったころ、ムラの一部の人たちの間に反発があったのも事実[35]」とあったとおりに、トッカビの運動への反発と批判、そして、なんらかの葛藤があったことはたしかであろう。いずれにしろ、トッカビと部落解放運動が「支えあうという連帯」の関係であったからこそ、運動の共闘がすすめられたのもたしかである。

6　おわりに

以上、本章ではトッカビの発足時を中心に、その発足の経緯や要因などについて部落解放運動との関係に焦点をあてて検証をすすめてきた。

以降のトッカビは、部落解放運動だけではなく労働運動なども連帯と共闘の輪をひろげながら運動の展開をはかり、第5章で後述する公務員採用試験の国籍条項撤廃などを勝ち取っていった。教育では、八尾市教職員組合との連帯と共闘によって八尾市における在日外国人教育の全市的展開をはかっていった。さらに全国的には、民族差別と闘う連絡協議会（民闘連）とかかわり、特に大阪では1980年代以降はその中心を担うようになっていく。これらについては第6章で検証していく。

脚注

1　佐伯智津子（1995）「今まさに『ヒューマインド安中』を」、部落解放同盟大阪府連安中支部・八尾市同和事業促進安中地区協議会『まだまだげんえき〜安中を支えた先輩たちの人生』、3頁。

2　15年のあゆみ編集委員会 辻村輝彦（1981）『安中における部落解放運動15年のあゆみ』部落解放同盟安中支部・結成15周年記念行事実行委員会。

3　部落解放同盟大阪府連合会・解放新聞社大阪支局（1982）『被差別部落に生きる朝鮮人』、13頁。

4　同書。

5　同書15－16頁。

6　同書14頁。
7　同書16頁。
8　トッカビの家（1974）「『トッカビ』のくつしたを！」、特定非営利活動法人トッカビ所蔵資料。
9　トッカビ子ども会（1984）『친구와함께（チングワァハムケ）なかまとともにトッカビ子ども会10周年記念誌』、29頁。
10　同書30頁。
11　同書。
12　同書。
13　同書。
14　同書31頁。
15　同書。
16　同書。
17　同書32頁。
18　同書。
19　前掲『被差別部落に生きる朝鮮人』13頁。
20　前掲『친구와함께（チングワァハムケ）なかまとともにトッカビ子ども会10周年記念誌』29頁。
21　同書30頁。
22　同書。

23 安中同胞親睦会［1976］『親睦会・会報』13号、特定非営利活動法人トッカビ所蔵資料。
24 前掲『被差別部落に生きる朝鮮人』、82頁。
25 同書17頁。
26 同書15頁。
27 同書。
28 同書。
29 同書15頁、17頁。
30 同書17－18頁。
31 同書。
32 トッカビ子ども会（1980）「トッカビ子ども会1980年度方針（案）」、特定非営利活動法人トッカビ所蔵資料。
33 同資料。
34 前掲『被差別部落に生きる朝鮮人』、18頁。
35 同書17頁。

第２部
トッカビの
実践をめぐって

第3章　在日朝鮮人問題との出会いとトッカビ子ども会とのかかわり

前田稔・高橋敏道

1　トッカビへのかかわりと私自身の意識変革（前田稔）

トッカビ子ども会10周年記念誌に「1974年10月、トッカビは生まれた。その前身として春に中学生の勉強会をはじめた……」との記載がある。私は、この中学生勉強会を出発に約50年、遠近や強弱はあったがトッカビとのかかわりが続いている。私が、なぜかかわり、そして、私自身がどのようにかかわっていったのか紹介することであたえられたテーマに近づけたいと思う。

〈トッカビへのかかわりと私の略歴〉

・1954年10月31日　八尾市植松町でうまれる
・1961年　八尾市立龍華小学校入学
・1962年　2年生の10月、安中小学校に転校（はじめて在日と出会う）

・1967年　八尾市立成法中学校入学（3年で転入生の在日Sと出会う）
・1970年　大阪府立八尾高校入学（Sの本名にとまどう）
・1974年　大阪教育大学入学（一浪）。トッカビ子ども会誔生
・1980年　八尾市立高美南小学校で教員となる

在日とのはじめての出会い

龍華小から安中小に2年生で転校した時、はじめて在日と出会った（それ以前に会っていたかもしれない）。クラスにK（本名の漢字を日本語読み）という子がいた。Kが私に「俺、朝鮮人や」といったと思う。それを聞いて、日本には日本人以外に朝鮮人が住んでいるのだと驚いたように記憶している。Kはたくましい子だった。両親がいないので、親戚の家で生活し、2、3年生のときには、もう新聞配達をしていた。Kのたくましさでいまでもハッキリ覚えていることがある。転入してすぐに、本読みの宿題点検で、親のサインを先生にみせる場面があった。わけがわからなくておろおろしている私のノートに、「よみました　まえだ」とKは書いたのである。Kはいつも自分で書いていたらしい。先生がノートに丸を付けてくれて、無事、危機をのり切った。私は、Kに感謝した。ありがとう。私の危機を救ってくれた恩人。私は親にKのことを話した。私が困っていれば助けてもくれるし、親戚に負担をかけまいと新聞配達までして、Kはすごい子だと。しかし、私は、教員になってKのことを想い出すたび、胸が締めつけられる。なんと過酷な生活を強いられていたのか。そのなかで、たくましくけなげに学校に通っていたのか、いや、たくましくならざるを得なかったのだろう。

家に入れてもらえない子

一方で、Kが他の人たちから排除される存在だということも徐々に認識していった。こんなことがあった（高学年だったと思う）。クラスの友だちの家にみんなで遊びに行こうとなり、Kも一緒に行ったのに、気がつくとKがいない。新聞配達があるので、帰ったのかなと思ったが、後でKに聞くと、「入れてもらわれへんかってん」ということであった。その説明に納得したように思う。私は、いつしか、在日の子たちがそのように差別、排除されることを受けいれるようになっていった。

在日に対する意識が変化していく

小学校でもう一つ、在日の子の記憶がある。4年生の時、ある男子が転校してきた。近所に引っ越してきたのでよく遊んだ。スポーツも勉強もできる子だった。誰かが（誰だったかは記憶がない）、彼は朝鮮人だと私にいった。転入生は日本名だったので、「なぜわかるの」と問い返した。すると、朝鮮の服を着た人が、時々、訪ねていたからというような返答があった。私は、なにか彼の秘密を知ったような感覚になり、そのうち、彼が遊びで活躍すると、生意気な奴、と思うようになった。さきほどのKのすごいところは、K個人のこと。一方で、家に入れてもらえないKや、私が生意気と思った転入生は、朝鮮人だからそのようなあつかいを受けるのだと、だんだん自分の意識のなかに沈み込んでいった。

遊びや普通の会話のなかで

まわりの同級生はどうだったのか。5、6年生の頃、雨が降ると教室で王様じゃんけんという遊びをよくした。「グーグー チョキ」とかいいながらじゃんけんして、勝ち続けると王様になるゲーム。そのうち、チョキはチョコやハサミから朝鮮になっていった。教室でチョキを出しながら、「朝鮮、朝鮮」と叫んでいたのだ。

なんの疑問も抱かなかった。誰かが悲しんでいるとか、どきどきしているとか想像もつかなかった。そのまわりには、在日の子がいたはずだ。

私は、なぜ、在日を下にみるようになったのか

私が、在日を下にみるようになったのは、友だちや身近な大人の影響だけではなかった。もっと大きな背景、つまり、1960年代当時、在日に対する差別や排除があたりまえのように存在した社会であったことが根底にあったと思う。もちろん、日本社会だけの責任にしてはいけない。私たち個々人も問われている。そのことは、後からわかってきたが、それは後述する解放研への参加やトッカビとかかわるようになったからだ。

日本の憲法は平和と基本的人権の尊重を謳ったすばらしい憲法だが、当時、その憲法が定める諸権利に外国籍者は該当しないと考えられていた。小、中、高と学校で憲法を習ったが、私はそう思っていた。権利を保障されるのは日本国民だけと（外国籍者には納税などの義務は課すが、権利面は一部、恩恵としてあたえる）。

そして、生活のあらゆるところに国籍による差別があった。就職や公営住宅入居の資格要件に「日本国籍を有する」と一文が入っている。民間の賃貸住宅では露骨に「外国人お断り」と看板に書かれていることがあった。外国人とは欧米人ではなく、圧倒的多数の在日にむけられていたのである。

また、私たち小中学生にあたえた影響として、犯罪のニュースがある。在日の犯罪者は必ず、朝鮮名（漢字）で報道される。人助けなどのよいニュースは日本名で伝えられる。私たちに入ってくる朝鮮にかかわる情報は犯罪がらみなどマイナスイメージがほとんどだったように思う。

一方、かわっていく状況も徐々にでてきた。国際人権規約や人種差別撤廃条約など世界の人権尊重の流れ、日本国内では部落解放運動や労働組合運動などによって権利が拡大していった。そして、在日自身が声をあげていった。私が、この変化のシャワーを浴びるのは、大学生になってからである。

「今日から本名でよんで」にとまどう

中学3年生の時にTという在日が転校してきた。Tは日本名で通学していたが、朝鮮人であることをまわりにすぐに表明していた。話が上手で、一緒にいれば面白いこともあって、Tとは中学卒業後も交流が続いた。

高校2年のある日、突然、Tから「Sという本名で呼んでくれ」といわれた。私はとまどった。私は、馴染みのない本名より、それまで使っていた日本名でいいのではと返した。私は、在日が置かれている状況を自分なりにわかっているつもりだったので、日本でことさら朝鮮人であることをあかさなくていいという考えだった。Sは、「それではあかんねん」と、強くいったように思う。

Sは八尾に転校してから、部落解放同盟安中支部の中学生、高校生友の会に参加しており、いわゆる解放理論を含めて社会問題や人権に対する意識が私とはもうまったく違うレベルにあった。ただ面白いだけと思っていたSの変貌にとまどいと違和感を持ったが、私自身、家庭内に問題を抱えており、かなり屈折した中学高校生時代を送っていたこともあって、Sが朝鮮人としての自分自身の課題をストレートに語ってくれたことで、素直に彼の話を聞き、私の課題も語り合うようになった。

学生サークル「解放研」とトッカビ

高校卒業後、私は、一浪して大阪教育大学に入学したが、違う進路を希望していたこともあって教員になることに不安をもっていた。そんな私に、Sが「なれよ。なるんやったら、部落問題や朝鮮人のことしっかり勉強してからなれよ。それだったら解放研に入るのが一番いいぞ」というような薦め方をしたと思う。なんとなく「そうか」、ということで解放研（部落解放教育研究会）に入会した。大阪教育大学に入り、解放研に入ったこととトッカビにかかわったことが、その後の人生を決定づけたと思う。

現役で関西大学に入学したSは解放研に入り問題意識をさらに深めていた。在日の自分がすべきことを見定めていた。この年、地域の在日の中学生を集めて勉強会を開始した。しばらくして、手伝ってほしいと私に声がかかった。中学生に勉強を教えるなんて簡単なことと軽い気持ちで引き受けた（実際は苦労した）。こうしてトッカビとのかかわりがはじまった。

オモニたちの不安を超えた期待を受けて

解放研では、部落差別をはじめ日本社会のさまざまな問題や不合理を人権の視点から捉えることを学んだ。トッカビでは、在日の青年や保護者から厳しい差別の現実を突きつけられた。私にとって他人事ではない差別の現実、つまり、小中学生時の体験と重なり、私自身が差別に加担してきたことを率直に問うこととなった。精神的に苦しく感じることもあった。昼は授業と解放研で過ごし、夜そして日曜日はトッカビ子ども会とアルバイトの生活。その生活のしんどさと相まって逃げ出したくなったこともある。それでも、続けられたのは、子どもたちや青年・保護者とのかかわりがあったからだと思う。それに、日本人学生として一緒にかかわり、私の悩みを相談できる高橋敏道さん（本章2節執筆）の存在があった。人とのかかわりなしでは理屈だけでは逃げ出していたかもしれない。

保護者、特にオモニが私

アボジ、オモニへお願いします。　　子供会ニュース No.1

トッカビ子供会の参観日に来て下さい　子供たちに、民族の自覚とほこりを！

日本で生れ、日本で育ち、日本の学校へかよい、日本語しかしゃべれない私達2世や3世は、おさないときから、日本人にバカにされ、差別されてきました。「チョーセンくさい」「[illegible]ーセンかえれ」といわれながら育ってきた私達は、なぜ朝鮮人が日本に60万人も住んでいるのかも知らず、祖国がなぜ2つに分れているのかも知らず、おさない心をいためて自分のオモニに「なんでぼくを生んだんや」とくってかかるしかありませんでした。しかし、オモニやアボジ自身もそのことについて知らないため、答えることができず、結局子供たちは、自分なりに、朝鮮について考えるしかありません。朝鮮人は、びんぼうで酒のみで、下品で、きたない。それしか知らない子供達は、朝鮮人であることが、はずかしくて、はずかしくてたまらなくなり、そこからいっしょうけんめいに、逃げようとし、周りの人に対して自分が朝鮮人であることを、ひっしになってかくそうとします。しかし、いくらかくしたところで、就職や、結婚のときには、かならずバレてしまいます。そこで子供たちは、逃げる場所がなく、やけくそになってケンカをしてみたり、家出をしたり、親とケンカしたりしてだんだんと、ゆがんだ人生を歩みはじめるようになってくるのです。

私たち、[illegible]の朝鮮人の青年しんぼく会「トッカビ」は、北とか、南とかにこだわらず、同じ朝鮮人どうしが、手をつないで、生きてゆけるようにしたい。せめて、子供たちには、私たちと同じ苦しみをあじわせたくないと思い、「トッカビ子供会」をつくりました。しかし、ただ子供達を教育するだけではなく、差別にまけずに堂々と胸をはって生きれるような環境にするためには、現在の就職の差別をなくさなければなりません。そのために、去る11月[illegible]日に、オモニやアボジがあつまって保護者会の準備会議をひらきました。そこでまず、親に、子供会の内容を知ってもらいたいということでこのたびの参観日へのはこびとなったわけです。たくさんのオモニやアボジがご参加下さる様よろしくお願いいたします。

□とき　11月23日 土曜日　夜7時から　　□ところ

トッカビ子供会・保護者会（準備会議）

図1　参観日の案内ビラ（1975年頃）
特定非営利活動法人トッカビ所蔵

たちをとても大切にしてくれた。私たちに対し不安に思う声もあった。在日のことが日本人にわかるのか。また、いまだけで、いつまでもかかわらないでしょという声もあった。日本人に対する不信感は簡単には消えなかったと思うが、私たちに対して信頼と期待をよせてくれた。そのうえ、ご飯をよくご馳走になった（お酒も）。

私たちが流した涙を子どもたちにひろわせないで、朝鮮人として堂々と生きられる社会にかえてというオモニの訴えに応えなければという気持ち（使命感）が、私と高橋さんのなかで徐々に大きく成長したと思う。期待を裏切れない。

私はなにをすべきか

在日の青年やオモニの期待に応えるためになにをなすべきか。教育大生の私は、トッカビにかかわるだけではダメではないか、やはり、多くの教員を養成する教育大学でなにかをしなければいけないだろうと思った。具体的には解放研のようなサークルをつくることが目標になり、話を聞いてくれそうな学生をつかまえては勉強会しませんかと声をかけた。数名の学生と勉強会はできてもサークル結成には至らなかった。しかし、私の卒業前の6回生の時、後輩の岩下順一さんたちが在朝研（在日朝鮮人教育研究会）を結成し、それに参加することができた。在朝研の後輩たちが、その後、トッカビのサマースクール（オリニマダン）に毎年参加してくれた。

卒業後、トッカビの子らが通う高美南小学校に、高橋敏道さんと一緒に着任した。教員として期待に応えるために私たちはなにをなすべきか考え、一つひとつ取り組んでいった。トッカビへのかかわりが、私の思考と行動に影響をあたえたのは間違いない。

さいごに

今後、多文化共生はますます重要になってくる。けれども、多文化や多様な生き方を認め合う社会ではない日本の現状がある。間違いなく、在日やニューカマーが生きづらい社会は、日本社会の問題だ。ただ、やはり、当事者が声をあげない限り、私たちまわりの日本人は気づかなかったり忘れてしまったりする。申し訳ない。しかし、みなさん方の訴えを真摯に受け止め、共に行動できる人はいる。その輪が大きくなるよう微力ながらお手伝いしたいと思う。そして、日本人も含め、誰もが住みよい日本になってほしい。

最後に、あたりまえのことであるが、なにごとも一人ではできない。在日の青年、保護者、学校や組合の先輩、仲間たち、みんなで取り組んできた。中でも同世代の高橋敏道さん、阪田弘さん、岩下順一さんたちとは半世紀近く（三人とは今も一緒にトッカビにかかわっている）支え励まし合ってきた。もう少し一緒にがんばろう。

2　トッカビから学んだこと（高橋敏道）

はじめて大阪に住む

私は、１９５１年、宇都宮市にうまれ、高校卒業まで18年間宇都宮で暮らし、高校卒業後、東京に出て建設会社に勤めはじめた。２週間の研修の後、川崎出張所に配属されたが、２年後退職する。「もう一度、暮らしをやり直したい」「自信を持てるようにしたい」との思いが募り、そのためには、勉強することだと思い込んだからである。また、途中で投げ出さずに最後までやろうとも思い、そのことが生きる自信に結びつくとも考えた。

１９７４年、関西大学に入学する。誘われて部落解放研究会に入会した。サークルの活動目標は、「解放教育の確立」であり、大切にされていたのは「社会的立場の自覚」「差別の現実に学ぶ」「地域に学ぶ」の３点であったように思う。

その当時の同学年の会員とはいまでも連絡が続いている。大学では、私が入学した１９７４年から一般教養に「部落解放論」、教職教養に「解放教育の研究」、「部落解放研究室」が開講・開設され、多くの学生が講座を受講していた。この３項目は、多くの学生の要望によって開設されたものである。

トッカビのサマースクールに参加する

サークルの方針の一つ、「地域に学ぶ」から大阪府内の子ども会に参加して、朝鮮人の子どもとはじめて出会い、ここから私の大学生活が少しずつ変わりはじめる。子どもたちは、本名を日本人の子どもたちの前ではいえず、食べ物や挨拶等、日常的に使う朝鮮語を使えない等の状況があった。私は、その状況を正しくみつめることができていたかといえば、そうではなかった。朝鮮人差別に染まっている自分に気づきだしたのも、また、そのことを指摘されたのもこの頃だった。民族差別の現実についてなにも知らない自分を知ったのである。

その頃、サークルの一学年上のSさんと大阪教育大学の前田稔さんが安中地域で朝鮮人中学生を集めて勉強会、つまり後のトッカビをはじめていることを知った。サークルでは、朝鮮人が日本社会で置かれている現状や日本に住むようになる歴史を学ばなければと学習会がはじめられる。そして1975年、私が2回生の時に、在日朝鮮人問題の現状を学ぼうとサークルの何人かでトッカビ子ども会の20日間にわたる第1回サマースクールに参加することとなった。この20日間にわたる体験は、私にとってとても大きく、将来を左右するものとなった。

とても印象深かった20日間のサマースクール

子ども会の名前「トッカビ」に込められた保護者や青年の願いをサマースクールに参加するにあたっての学習会ではじめて知った。

このサマースクールの20日間は先輩のSさんの家に泊めてもらい、朝鮮人保護者の日本社会に対する怒りやわが子への願い、子どもたちの持つ日本人観、子どもたちを捉えている朝鮮観の厳しさの一端を知ったように思えた。そして朝鮮人が日本社会で置かれている現実を知らなければ、さらにその現状は変えられなければならないと強く感じた。変えなければ現状は固定されたまま、拡大強化されて続くとも思った。「知らないことは、差別につながる」とも強く感じた。

サマースクールでの子どもたちの様子はとても印象的だった。高学年の「歴史」の学習会。「朝鮮人は、なぜ日本に住んでいる?」「君らは、どうしていまここ日本に住んでいる?」と問いかけられ、答えられない子どもたち。日本に住まざるを得なくなった歴史を指導者から教えられ、真剣に聞き入る子どもたちの眼差しが思い出される。日本に住まわせてもらっている、肩身が狭いなどと思うのは、それは大きな間違いであると。また、日本人からそう言われるのはとてつもなく不当であり、差別だと指導者から語りかけられていた時の子どもたちの姿はとても心に残った。子どもたちを捉えていた否定的朝鮮観を克服する学習会だった。そしてその学習会の内容と子どもたちの姿は、なによりも私の学習となったのである。

　次に印象的だったのは、サマースクール終盤に行われた地域子ども会とトッカビ子ども会の交流会である。日本人の子どもたちとトッカビに参加している朝鮮人の子どもたちが対面形式で、むかいあって座った。交流会がはじまる時になり、トッカビの子どもたちの何人かが日本人側に座る子どもにむかって、「○○　あんたはこっちや、こっちに座り」と幾度も声をかけ

写真1　サマースクールでの子ども会交流会（1975年8月）
撮影者不明　特定非営利活動法人トッカビ所蔵

たのである。声をかけられた子どもは下をむいてしまった。子どもたちの置かれている状況、関係の結び方がみえたように思った。

サマースクール最終日の保護者むけの学習発表会では、終盤にサマースクールで学んだことを作文にして読みあげる発表会が行われた。これも私にとってとても印象的だった。男の子が作文の最後の方に書いてある一文が読めずに、泣きはじめた。それをみていた保護者や指導者たちが「がんばれ、がんばり。それをいわなあかん」と励ますのである。そして最後まで読む姿を見守っていた。私は、なぜ子どもが泣いているのかわからず、後で「ぼくは朝鮮人です。朝鮮人としてがんばります」と書いてあることを教えてもらった。子どもたちを捉えている歪められた朝鮮観や民族差別が深く子どもたちを傷つけていることに衝撃を受けた。そして同時に、民族差別がもたらす傷をわかっていない自分自身にも気づかされたのである。

サマースクールは、朝鮮人保護者の子どもへの願いや日本社会の朝鮮人観、朝鮮観が子どもを深く傷つけていることをあらためて教えてくれた。同時に、民族差別のなんたるかをわかっていない自分であることにも気づかされ、自分の将来を考える大きな契機ともなった。このような社会は、変えられなければならないとも思った。

トッカビ子ども会では、サマースクールで培った子どもたちの新たな認識をどのように2学期以降に引き継いでいくのかという課題が共有され、9月からの活動が模索された。大きな課題は、指導者をみつけることであったと聞いた。

サマースクールの「打ち上げ」の時、卒業したら教師になって八尾に来ると約束し、私は学校に戻った。

卒業してトッカビの活動に参加する

大学卒業後、教師になるまでの間、トッカビの指導員になることをお世話になった鈴木祥蔵先生に話すと、「指導員としてできるかできないかは、あなたが朝鮮問題をどれだけ勉強するかによる」とおっしゃられた。日本人だからできないと決めてしまうのではなく、とにかく勉強することによってできるかできないかが決まると考えた。トッカビの教育活動に参加しながら、小学校教員の免許状を取得するため、佛教大学の通信教育を受講した。1年間で終了するはずが、教育実習をするための手続きを忘れ1年半かかってしまう。生活不安も含めとても苦しんでしまった。将来への不安や生活不安の解消にはトッカビの指導員や保護者等周囲の支えがあった。父親の病気にも田舎に帰らず、失敗に押しつぶされそうになる自分の弱さをかみしめることとなった。建設会社を辞めてもう一度やり直しているはずが、依然「変わってない」とも思い、日々の在り方を考えることとなった。

この当時トッカビ子ども会で課題になっていたのは、おおまかにいえば3点くらいかと思われる。

一つには、トッカビの活動場所の確保と指導員の暮らしの保障をどうすすめていくかである。安中支部と八尾市の交渉のなかに「トッカビの要求項目」を入れることが安中支部との話でまとまり、トッカビの活動を行政として保障するようトッカビ、安中支部とで交渉がはじめられた。市としての責任をはたすことが強く求められ、交渉のなかで語られる保護者の話に真摯に聞き入ったことを覚えている。

二つには、小学校で「本名宣言」をする子どもたちが多数あり、本名宣言をする自覚とはどのようなものか、本名で学校のなかで生活して学んでいく、それに耐えられる自覚というのはどのようなものかということが話し合われていた。また子どもたちがよりよい関係を結ぶために小学校との密接な連携をすすめる必要性なども喫緊の課題として話し合われた。当然、小学校で朝鮮人の子どもたちを支える結集軸は民族クラブであり、どのように活動を展開していくかなども議論になっていた。

三つには、青少年会館で活動している子どもたちとの交流をさらに深めること。青少年会館の指導者との連携をさらに深めることである。

八尾市職員採用試験における国籍条項撤廃運動がはじまる

１９７９年、八尾市職員採用試験における国籍条項撤廃運動がはじまった。保護者は、就職差別の厳しさをよく話していた。「バスガイドの試験を通り、研修を受けていたが、『住民票を持ってきて』といわれ、住民票が取れないことで採用取り消しになった」。日本の会社は、「みんな外国人お断り」だ。保護者の多くは国籍の壁を体験しており、わが子にはこのつらい思いを二度とさせたくないと考えていたのである。保護者会が持たれるたびに、また保護者が子どもを迎えに来るたびに、保護者の間の話でよく聞かれたのは、被差別体験だった。子どもたちにこのような思いを二度とさせたくないという強い思いであり、子どもたちの進路が「国籍の壁に遮られるようなことがあれば、みんなで立ち上がろう」という言葉だった。民間企業も軒並み就職差別があたりまえの時代である。「行政が、八尾市が差別していて、民間の就職差別がなくなるか」と訴えた。保護者、青年たちの体験にもとづく訴え、追及はきわめて説得力があった。トッカビの高校生部会も国鉄（当時）八尾駅前で国籍条項撤廃を求める署名活動を行った。地域を挙げた粘り強い交渉の結果、やがて「国籍条項」は撤廃される。

この地域を挙げた取り組みは、一時代を画するものだったと思われる。『民族差別 日立就職差別糾弾』（朴君を囲む会編、亜紀書房、１９７４年）を読んだのもこの頃だった。そして繰り返しになるが、保護者から就職差別をはじめ被差別体験をたくさん聞いたのもこの頃だった。このことは私にとって、将来を左右するとても大きなことだった。

１９８０年、新任教員となって八尾市立高美南小学校に赴任する

教員となり、前田さんとともに高美南小学校に赴任する。在日朝鮮人教育を展開できると考えて校内研究組織の「在日朝鮮人教育専門部」に所属した。しかし、すぐ仕事ができる力が私にあるわけではなかった。担任としての仕事や学年の仕事、学校行事等、やらなければならない仕事、身につけなければならないことがたくさんあり、四苦八苦だった。先輩から「教師の仕事、大変やろう」とよく声をかけられた。教員としての仕事も満足にできなくて在日朝鮮人教育を深めることはできないことを痛感させられた。

またトッカビサマースクールの参加対象を八尾市全体にひろめようと議論が深まり、前田さんを筆頭に八尾市教職員組合青年部、同在日朝鮮人教育専門部を中心にして取り組まれた。指導者は、トッカビ子ども会である。この取り組みは、子どもたちが置かれている状況に心を痛めていた先生たち

に、子どもたちの「学びがみえる場所」の提供となり、大きな波紋を呼ぶこととなった。また子どもたちには「こんなに仲間がおったん」という感想をもたらした。そして各小・中学校に民族クラブや朝鮮文化研究会をつくり、個別学校での取り組みが追求されるようになり、八尾市全体へのひろがりを獲得していったのである。

1981年には、トッカビ子ども会、教職員組合、部落解放同盟が母体となり、「八尾市に民族教育を保障させる連絡会」がつくられた。その重点要求項目の一つが「民族教育基本方針」の策定だった。八尾市全体で民族教育を取り組むためにも、トッカビをはじめとする地域の取り組にも必要になっていたからである。要求していた「民族教育基本方針」は、1990年に「八尾市在日外国人教育基本指針」として策定された。

1982年に第1回「フェスティバル 韓国・朝鮮の歌とおどり」が行われる。対象は八尾市内の小・中学校である。各小・中学校で子どもたちが集う軸となっていった。この頃に、在日外国人教育の「原型」ができたように思う。

トッカビで学んだこと

最後に、私がトッカビで学んだことをまとめると4点に整理できるかと思う。

一つ目は、民族差別のない社会づくり。これを徹底してすすめていくことが大切だということ。

二つ目は、地域を基盤とした取り組みをすすめること。地域の保護者や青年、子どもたちの願いや要求にもとづく取り組みであること、それはトッカビ子ども会の活動そのものだ。

三つ目は、差別の現実に学ぶこと。空理空論では物事の姿がみえないし、物事がすすまない。学生時代に「対象に働きかけることによって、対象に対する認識を深め、知識を獲得してきた」となにかで読んだと思うが、差別のこの現実を見据えてそこに学ばなければ前にすすむことはできない。

四つ目は、差別は、みようとしなければみえないということ。これを知った。わかろうとしなければみえない。差別を見抜くこともできない。繰り返しになるけれど、差別の現実はみようとしなければみえないし、取り組まなければ（働きかけなければ）、何事も変わらず、さらに悪くなる。

コラム1　トッカビとの出会い

小川徹

1973年、私は安中小学校に赴任しました。学級名簿をみると、2つの名前のある子どもが5人いました。先輩に聞くと、「外国人や」と聞かされ、「クラスに、5人もの外国人の子どもがいる。親や子どもとどう接したらいいのか?」ととまどいました。研究会に参加して、在日朝鮮人の児童・生徒や保護者の厳しい生き様を教えられ、自分の中学生の頃の同級生に、途中で学校をやめて働いていたK君がいたことを思い出し、自分もなにかしなくてはならないと考えました。そして、すでに取り組みをはじめている教師が何人もいることを知りました。校内にも、同じ思いをもった仲間がいて、不定期に学習会などを行いました。

その頃、地域の在日朝鮮人の青年が、学校の先生たちに話をしたいと言っていると聞き、数人の教師で参加しました。それがSさんとの出会いです。「子どもや親の実態を知らないし、学校では、なんの取り組みもできていない!」とはっぱをかけられて、なにかやらねばと、参加した教員で話し合ったりしました。

1974年、地域や民族団体の協力で、在日朝鮮人の子どもを集めて、「安中小サマースクール」(この年限り)を行うことになりました。参加呼びかけの家庭訪問で、はじめて保護者とむきあいました。

サマースクールでは、子どもたちは、自分が在日朝鮮人であることに気づき、仲間がいることを知りました。自分たちの民族のことばである朝鮮語で、あいさつをしたり、歌を歌ったりしました。生き生きと活動する子どもたちをみて、「ああやってよかった」と思いました。

夏休みあけ、サマースクールに参加した子どもと中学生たちが、地域で集まっているらしいという話を聞きました。Sさんをはじめとして、部落解放運動に触発された在日朝鮮人の青年Cさん、Aさんたちが、子どもたちを集めて、なんとか民族的誇りや素養を身につけさせたいという動きをはじめていたのです。私たちも、地域の子どもたちの集まりを支援しようと参加しました。子どもたちの後ろには、子どもたちを支えようとするオモニたちの存在がありました。活動資金を集めるために、スーパーの横で、靴下やキムチを売ったりしました。こうして、子ども会（トッカビ子ども会）が地域の長屋で組織されました。

1975年に安中小学校から分離して創立された高美南小学校に異動しましたが、できることをいろいろやってみようと、「民族委員会」という校内組織をつくり、授業で、日本と韓国・朝鮮の文化にふれる取り組みをぼつぼつはじめました。そして、在日韓国・朝鮮人の子どもたちが、母国の文化にふれ、本名を堂々と名のれる学校づくりをすすめようと「民族クラブ」を設立しました。他地域の取り組みも参考にして、いろいろな取り組みを行うなかで、本名を名のって学校生活を送る子どももあらわれてきました。

学校での取り組みがすすむにつれ、地域の取り組みや課題を受けて、学校でさまざまな取り組みをすすめていくことが教員の役割であるとなり、地域のトッカビの活動は、地域の青年や保護者、応援してくれる学生が主体となるべきだとなってきました。

そんななか、まわりの日本人の子どもたちも、身近な外国人や外国の文化にふれることにより、日本文化の大切さに気づくようにもなりました。また、違いを認め合うことの大切さを知るようになってきました。八尾市内の「民族クラブ」などの交流の場として、また、民族のアイデンティティの表現の場として、夏のオリニマダンや秋のウリカラゲモイムが、はじめられました。これらの取り組みから、どこの国から、どんな子どもがやってきても、その思いや願いを受けとめて、それに応じた教育をやっていきたいという八尾市の学校づくりがはじまったと考えています。

第4章　トッカビ子ども会指導員としての経験をめぐって

趙顕吉・陳伊佐

1　トッカビ子ども会と子どもたちとの出会い（趙顕吉）

朝鮮人であることを意識したできごと

ずっと朝鮮人であることを隠して生きてきた私にとって、忘れられないことが2つある。一つめは、小学6年生の時のある朝のことだ。教室に行く時には、校庭にあるジャングルジムの横を通らなければいけない。いつものようにその横を通り過ぎて教室にむかう途中、その上に同じクラスの女子3人と見知らぬ1人の男子が座っていた。「転校生が来たな」と思いながら通り過ぎようとしたその時、突然、その男子が女子3人に「あんな、朝鮮語でお母さんってどういうか知ってるか」という声が聞こえた。その途端、身体中が震えたのを覚えている。私は1世のハラボジ（おじいさん）、ハルモニ（おばあさん）と一緒に住んでいたので、アボヂ（お父さん）・オモニ（お母さん）・ハラボヂ・ハルモニという単語の意味は知っていた。私がその時思ったのは、自分のクラスに来て欲しくないということと、そして、もし自分のクラスに入ってきた場合は絶対に口を聞かないということだった。

朝の学級活動の時、担任がその男子を連れて教室に入ってきた。やはりジャングルジムの上で得意そうに朝鮮語を話していた男子だった。私は「嫌な奴が入ってきたな。こいつのせいで自分が朝鮮人であることがみんなにわかるんじゃないか」と暗い気持ちになった。彼はしばらくの間、自分が朝鮮人であることやアボヂやオモニという朝鮮語をクラスのみんなに教えていた。すると、彼に対してイジメのようなことが徐々に起こりはじめた。私は一緒にいじめることはしなかったものの、「やめとけや」の一言をいうこともできなかった。「なんやお前も朝鮮人か」といわれそうな気がしたからだ。

二つめは、中学2年生の時である。掃除の時間に男子の何人かがホウキでチャンバラをはじめたので、「早く掃除してクラブに行こうや」といった。すると同じクラスの同じ剣道部の子が私に近づいてきて、耳元で誰にも聞こえない声で「朝鮮」といったのだ。その言葉を聞いた途端、力が抜けたというか、なにもいえなくなり、自分の席に戻ってただじっと座っていた。次の日、みんなが私のことを朝鮮人と知っており、なにかいわれるかと思って学校に行くのが嫌で嫌で仕方がなかったが、誰もなにもいわなかったことにほっとした。その男子が、私が朝鮮人だということを誰にもいわなかったのだと思い、言葉には出さないが、感謝した。しかしこのあと、私は自分が朝鮮人だということを、誰にもわからないようにさらに隠すようになってしまった。

トッカビ子ども会との出会い

高校生の時、勉強を教えてくれるということで誘われ、長屋の一軒家に行ったのが私のトッカビ子ども会との出会いだ。その一軒家はトッカビの最初の活動場所であったところで、その後も何度か行ったのだが、家の立ち退きがあって地域外に引っ越すこととなったため、トッカビ子ども会とのかかわりはなくなってしまった。

高校卒業の時には大学受験がうまくいかず、就職もせずに毎日を過ごしていたが、愛知県で水道工事をしている親戚の会社に見習いとして行くこととなった。しかし半年後、八尾にもどってくることとなり、就職先を求めて新聞の求人広告欄を毎日眺めていた頃、先の勉強に誘ってくれたSさんから、当時大阪市内の芦原橋にあった解放出版社でのアルバイトに来ないかという電話があった。本名を使うことがその条件だったが、就職もなかなか決まらずなにもすることもなかったので行くこととした。本名を使用するとはいえ、自分の生活圏以外の限られた範囲であり、解放出版社では本名でアルバイト、それ以外では通名で生活をすればいいという思いもあった。

解放出版社のアルバイト期間が終わったあとには、これもSさんからの紹介で、安中青少年会館の夏期期間の補助指導員として活動に参加することとなった。トッカビ子ども会の活動は、1981年に安中青少年会館分室と位置づけられてからは放課後の活動となったが、私が補助指導員としてかかわったのはそれ以前のことであり、トッカビ子ども会に参加する子どもたちは、放課後に安中青少年会館の活動に参加したあと、午後7時半から9時までトッカビ子ども会の活動にも参加していた。補助指導員としてトッカビの子どもたちにはじめて出会った時、子どもたちが本名で日本人の子どもたちと一緒に活動している姿があり、朝鮮人であること、本名を隠してきた私にとって驚きの姿でしかなかった。

トッカビ子ども会の指導員として

夏休みの終わりとともに安中青少年会館の夏期補助指導員としての活動も終わり、この後どうするか迷った。しかし、いままでのように日本人のようにふるまって生きるのか、朝鮮人として本名で生きるのかのどちらかの選択はもうあきらかだった。トッカビ子ども会の指導員として、子どもたちと一緒に生きていく道を選ぶこととした。

その当時のトッカビ子ども会では、小学生の低学年部と高学年部、中学生部会そして高校生部会の４学年部にわかれて活動していたが、私は低学年部の担当となった。指導員という立場ではあったが、時にはやんちゃな子どもたちにふりまわされながらも、子どもたちと一緒に遊んだり、動物などの単語を朝鮮語で読んだり、朝鮮の童謡を歌うようなもので、自分にとって

写真１　活動場所のプレハブ（1978年頃）
撮影者不明　特定非営利活動法人トッカビ所蔵

はとても新鮮でうれしく楽しい時間であった。その後、高学年部を担当することになり、活動も遊ぶことだけでなく、日本と朝鮮の歴史や差別についても子どもたちと一緒に学んでいくこととなった。朝鮮人であることを隠し続けて生きてきた私にとって、トッカビ子ども会での活動は、自分を解放する時間でもあった。

トッカビ子ども会指導員としての活動にも少しずつ慣れはじめた頃、高校の時の友だちと会うことになり、自分が朝鮮人であること、本名をいわなければと思い、胸をドキドキさせていた。数年ぶりにあった高校の友だちを前にして、これらを告げたが、しばらく沈黙の時間が流れた。それでも、帰りの電車のなかで、本名をいえたことにホッとした気持ちになっていた。

本名宣言

トッカビの活動が定着していくなかで、小学校に本名で入学する子どもやクラスや学年で本名宣言する子どもたちがつぎつぎに出てくるようになった。強く記憶に残る本名宣言のエピソードがふたつある。

Aについてである。Aは、トッカビの子どもたちがクラスや学年で本名宣言する姿をみて、自分も本名宣言をしたいという思いが高まってきた。私はそんなAの思いを受けて家庭訪問をした。突然の家庭訪問だったが家に入らせてもらい、「実はAが本名宣言したいと思っているので本名宣言させてあげてください」とアボヂに話をした。私の言葉を黙って聞いていたアボヂだったが、口から発せられたのは、「最後まで責任取れるか」の一言だった。Aの思いをなんとか叶えたいと思っていた私はになる。

「はい、取ります」と答えたのだが、いま思い出すとなんか恥ずかしく、よくいったなという気持ちになる。

結局、Aの本名宣言をしたいという思いは叶わず、引っ越しをしてその後会う機会もなくなってしまった。地域で本名宣言の高まりがある一方、在日朝鮮人に対する厳しい差別のなかで生活している保護者の思いや、本名で生きることの厳しさをあらためて知ることになった。

Bも本名宣言をしたいと思った1人だ。本名宣言した兄の影響を受けて、自分もしたいという気持ちが高まっていたが、Bの場合はすぐにそうとはならなかった。それまで、本名宣言をしてきたトッカビの子どもたちは、クラスのリーダー的存在といった、いわゆる真面目な子どもたちだった。そのようなタイプとは異なるBであったが、Bの「本名宣言したい」という思いを受けて、民族としての自覚とはなにか、本名にすることの意義とはなにかがトッカビ子ども会の指導者間や保護者会で話し合われた。保護者会の意見は「本名を名のりたい」と思うことが民族としての自覚であり、本名宣言をするのにリーダーである必要はなく、自分が在日朝鮮人として生きたいという思いがあればやらせてあげるべきだというものだった。

Aのアボヂからは本名で生きることに対する厳しい現実を知ることができ、本名で生きることが当然の権利であることをBの本名宣言をとおして認識させられることとなった。

国籍条項撤廃運動の取り組みから

トッカビ子ども会の活動を通して、子どもたちの民族的な意識が高まり、多くの子どもたちが本名を名のっていくなかで、1978年に八尾市の国籍条項撤廃の闘いがはじまった。この闘いは、進路を保障する民族教育を基本理念とするトッカビ子ども会として当然の闘いであり、「飯の食える民族教育」の取り組みの第一歩でもあった。トッカビ子ども会の保護者や地域の同胞、そして部落解放同盟安中支部、八尾市内の労働組合など多くの人たちとの闘いが、翌年の国籍条項撤廃という結果に結びつくこととなった。この闘いの成果でトッカビ子ども会は地域の同胞の信頼を得たが、なによりも私自身がこの闘いを通じて闘う日本人と出会えたこと、自分自身が差別とむきあわなければいけないことを大きく感じた。また、子どもたちが差別と闘うことへの自信を持ったことも大きな成果だった。

この後、国民体育大会参加資格での国籍条項撤廃、郵政外務職国籍条項撤廃、指紋押捺制度の完全撤廃などの闘いにつながっていったが、八尾市の姉妹都市であるベルビュー市との交換留学生の国籍条項撤廃の闘いもその一つであった。これは、英語のスピーチコンテストで優秀な成績を修めた在日朝鮮人の高校生が交換留学生の対象から外されるという問題があきらかになって、安中同胞親睦会が主体となって取り組んだものである。

闘いの結果、国籍条項は撤廃されたものの遡及措置については不十分となってしまい、当事者の高校生はベルビュー市側の好意によって自費とカンパで渡米せざるを得なかった。このベルビュー市との交換留学生の国籍条項問題は、「足元の国際化」の必要性が問われはじめた頃のできごとであり、トッカビ子ども会の拠点ではない安中地域外の高校生からの問題提起によってはじまったものであった。在日朝鮮人として排除されることに不合理や憤りを感じる層・世代のひろがりをこの闘いからは

郵便はがき

料金受取人払郵便

神田局
承認

7846

差出有効期間
2024年6月
30日まで

切手を貼らずに
お出し下さい。

101-8796

537

【受　取　人】

東京都千代田区外神田6-9-5

株式会社 **明石書店** 読者通信係 行

お買い上げ、ありがとうございました。
今後の出版物の参考といたしたく、ご記入、ご投函いただければ幸いに存じます。

ふりがな お 名 前	年齢	性別

ご 住 所　〒　　-

TEL　（　　）　FAX　（　　）

メールアドレス	ご職業（または学校名）

＊図書目録のご希望 □ある □ない	＊ジャンル別などのご案内（不定期）のご希望 □ある：ジャンル（　　　） □ない

書籍のタイトル

◆本書を何でお知りになりましたか？

□新聞・雑誌の広告…掲載紙誌名[　　　　]

□書評・紹介記事……掲載紙誌名[　　　　]

□店頭で　□知人のすすめ　□弊社からの案内　□弊社ホームページ

□ネット書店［　　　　］　□その他[　　　　]

◆本書についてのご意見・ご感想

■定　価	□安い（満足）	□ほどほど	□高い（不満）
■カバーデザイン	□良い	□ふつう	□悪い・ふさわしくない
■内　容	□良い	□ふつう	□期待はずれ

■その他お気づきの点、ご質問、ご感想など、ご自由にお書き下さい。

◆本書をお買い上げの書店

［　　　　市・区・町・村　　　　書店　　　　店]

◆今後どのような書籍をお望みですか？

今関心をお持ちのテーマ・人・ジャンル、また翻訳希望の本など、何でもお書き下さい。

◆ご購読紙　(1)朝日　(2)読売　(3)毎日　(4)日経　(5)その他[　　　　新聞]

◆定期ご購読の雑誌［　　　　]

ご協力ありがとうございました。

ご意見などを弊社ホームページなどでご紹介させていただくことがあります。　□諾　□否

◆ご 注 文 書◆　このハガキで弊社刊行物をご注文いただけます。

□ご指定の書店でお受取り……下欄に書店名と所在地域、わかれば電話番号をご記入下さい。

□代金引換郵便にてお受取り…送料+手数料として500円かかります(表記ご住所宛のみ)。

書名	冊
書名	冊

ご指定の書店・支店名	書店の所在地域 都・道　府・県　　市・区　町・村
	書店の電話番号　(　　　)

感じることができた。

学校教員としての経験から

1994年からはトッカビ子ども会の専従をいったん離れ、採用試験を経て中学校の教員となり、クラス担任もした。学校では子どもたちに「先生、いつ日本に来たん」と聞かれることがあった。「日本で生まれたんやで」と答えると、「え、そんなら日本人違うの」と驚かれる。子どもたちにとっては、自分たちと同じように日本で生まれたから日本人だと思うのだろう。

また、在日外国人が校長や教頭になれないことをいうと「なんで?」「そんなんおかしいやん」と疑問に思う子どもたちがたくさんいた。外国人の教員採用は教諭（指導専任）としての採用であり、管理職登用への道はいまだ閉ざされているが、外国人教諭の管理職への登用は学校を大きく変えることにつながるのではないだろうか。実際に外国人の校長あるいは教頭が子どもたちの前に登場すれば、必ず子どもの意識が変わるはずだ。外国にルーツを持つ子どもには自分たちの進路に大きな希望をあたえ、日本で生活することが恩恵ではなく、当然の権利として認識することにつながり、日本人の子どもたちは、外国にルーツを持つ人たちも日本社会の一員として認識することにつながる。

日本社会の一員として

後年、ジャングルジムの上にいた女子の1人が、小学校の教員になっていた。トッカビ子ども会での活動を通じて教員となった彼女と再会することとなったのだが、ある時、彼女に「いつから僕のことを朝鮮人と知っていた」とたずねたが、彼女の答えは「最初から」だった。それを聞いて、朝鮮人ということを誰にも知られないように必死に隠してきた自分は一体なにをしてきたのだろうかと思い愕然とした。

中学生時の掃除の時間のできごとも、ほとんどが私のことを朝鮮人だと知っていたこともあとでわかった。しかし、朝鮮人としての私とのかかわりを誰一人持っていなかったので、私は誰も知らないと思って生きていた。私を朝鮮人だとみんなが知っているとわかっていれば、もっと違った小学生、中学生の時代を過ごせていたかもしれない。自分が何者であるかをあきらかにし、人とかかわることがゆたかな関係をつくることにつながり、そして自分もゆたかに生きていくことにつながるのではないだろうか。自分の経験からも感じる。

人権の世紀といわれ期待を持って迎えた21世紀も四半世紀が過ぎた。在日朝鮮人の世代も祖国を背景に、「朝鮮人でなにが悪い！」といえた「居直り世代」の1世、親の仕事や厳しい差別社会の中で将来に希望が持てなかった「あきらめ世代」の2世から、いまでは5世の世代を迎えている。

私自身がトッカビ子ども会と出会うことによって朝鮮人として生きていくことができ、よかったことがある。朝鮮人に生まれた自分を卑下することなく生きていけること、産んでくれた親を恨まなくてよかったということ、そして日本人を羨ましいと思わなくなったことだ。そして、自分を卑下し、否定して生きていた自分を朝鮮人として生きていく力をあたえてくれたこともだ。

在日朝鮮人の世代が移りかわり、多くの外国にルーツを持つ人たちが日本で生活している今日、これからの日本が日本社会の一員として外国にルーツを持つ人たちをどう位置づけるのかが重要な問題だと考える。

トッカビ子ども会は、「飯の食える民族教育」ということを大きな柱としてきたが、「飯の食える」というのは、自分の存在と日本で生きるということ、どうむきあうのかということを考えていく大きな取り組みだったと感じる。ただ「飯が食える」という就職や国籍条項の問題だけにとどまるのではなく、それらの課題の解決をとおして、自分の存在そのものが日本にどれだけ位置づいているのか、自分の存在と日本とはどんな関係なのだということをしっかり見据えていく。これこそがトッカビ子ども会の地域に根をはった実践だったのではないかとあらためて感じる。

2 子どもたちの指紋押捺拒否闘争と民族クラブのひろがり（陳伊佐）

私はトッカビ子ども会を大学生の時にはじめて知った。大人になるまでずっと朝鮮人であることを隠し、日本名、いわゆる通称名を名のって生きてきた私が本名宣言をしたのは大学2回生の時だった。同じクラスの友だちに集まってもらい、自分が朝鮮人であることを打ちあけた。

トッカビ子ども会は私の通っていた大学にあった「在日朝鮮人教育研究会」というサークルにかかわりがあって、そのつながりで知ることになった。そのサークルに入る前に安中解放会館で行われていた朝鮮語教室に通うようになった。私は大阪市内の在日韓国・朝鮮人があまり住んでいない区で育ったので、自分が朝鮮人であることは隠すことができ、日本人のふりをして生きることがあたりまえだった。韓国・朝鮮にふれることはほとんどなく、もちろん、韓国・朝鮮語も知らなかった。自分の本名は知っていたが、「チン イサ」だと思っていた。安中の朝鮮語教室に通うようになって、そこではじめて自分の名前の韓国語読みを知った。もう20歳になっていたが、うまれてはじめて自分の本当の名前を知ったと感激した。その後、サークルに入って、トッカビ子ども会にも行くようになった。

4回生になって、毎日夕方からトッカビ子ども会に行き、中学生部会のお手伝いをするようになった。半専従という位置づけでお給料もいただいた。

トッカビ子ども会の指導員に

元々は教師になりたくて採用試験を4回生の時に受けたが受からなかった。そして、そのままトッカビ子ども会の指導員として就職し、中学生部会の主の担当になった。1987年のことだった。1985年頃から外国人登録法にある指紋押捺に対する拒否運動が高まりをみせていた。トッカビ子ども会がかかわっていた「民族差別と闘う連絡協議会（民闘連）」[1]でも指紋押捺拒否運動に取り組んでおり、私も3回生の時に八尾市に住所を変えて、八尾市役所で指紋押捺を拒否していた。

大学を卒業してはじめて主で担当した中学生部会の子どもたちと歩んだ1年が私には強烈で、その後の人生を変えてもらったなという気がする。当時、トッカビ子ども会のあった地域のなかに、指紋押捺を拒否している人はたくさんいて、中学生の子どもたちの親やきょうだいにもいた。拒否した人たちに対して、いろいろな弾圧があるなかで子どもたちもなにができるのだろうかと考えた。高校1年生になれば、自分たちも指紋をとられるわけで、まさに自分たちの課題であった。当時、安中青少年会館には部落解放子ども会中学生友の会（中友）という組織があり、そこはそこで、障がいがある仲間と高校進学後、どのようにつながっていくのかという課題について考えていた。お互いの課題を考えるために、よく、話し合いや合宿をした。

結局、11月に高美中学校で集会を開くことになった。放課後、指紋押捺を拒否している親やきょうだいを招いて話を聞き、同じ中学生の仲間たちに指紋押捺の理不尽さをわかってもらおう、外国人登録法のおかしさをわかってもらおうというものだった。11月にその集会を開くにむけて子どもたちは動きはじめた。放課後なので、その日はクラブ活動をやめてもらおうと、まず、クラブの顧問の教師たちに話をしに行った。次に全クラスにアピールをしに行った。自分たちの現状を訴え、1人でも多くの人が集会に参加してくれるように呼びかけた。スムーズに受けいれられたわけではなく、無関心や無反応の壁にぶつかることも多かった。休み時間、放課後の時間を使って、子どもたちはアピールを繰り返した。自分の家族が指紋押捺を拒否していて不安な状態に置かれていること、来年、自分たちも指紋をとられる立場になるが、それは嫌だということを自分たちの言葉で訴えかけた。

その年の夏まではオリニマダン[2]にも参加するのを嫌がっていた子どもたちに指紋の闘いで火がついた。集会の参加人数を増やそうと同じクラスに何度もアピールに入ることもあった。中学校から走りながら子ども会に帰って来て、「今日アピールに入ったクラスの反応はこうだった」「話しているうちに感極まって泣いてしまった」「今日話したクラスの子は誰も参加するに手を挙げなかった」など毎日の闘いの様子を報告してくれた。そこで、また、明日のアピールはどうしようと練り直し、次の日がんばるということを続けていった。

集会当日、会場の柔道場は生徒でいっぱいになったが、これはまさに、中学生の子どもたちの力であった。子どもたちが持っていた素晴らしさと青少年会館の中友指導者に教えられて、そのような闘いを組むことができた。闘いのなかで子どもたちが大きく変わり、成長していった。中学校3年生の子どもたちがその闘いの中心になっていたので、彼女彼らたちは八尾北高校に集中受験するという道を選んだ。高校に入っても差別と闘う道を選ぶ、偏差値で決められた高校ではなく、自分が高校に入ってなにをするのかということを考えて選ぶと、親を説得し、入学していった。そういう子どもたちの姿に私はとても揺さぶられ、自分は次、どうしようと考えはじめた。

指紋を押してソウルへ

当時、トッカビ子ども会の指導員になると、韓国舞踊と伝統楽器を研修で習わせてもらえた。カヤグムという韓国・朝鮮の琴を習っている人がいなかったので、新しく指導員になった私はカヤグムを習うことになった。カヤグムを習いはじめた私はその魅力に落ちて、もっと習いたい、もっとカヤグムのことを勉強したいと思うようになった。いまもそうかも知れないが、日本ではカヤグムを学べる場が少なく、韓国に行かないとだめだと思った。それで、ソウルに行ってカヤグムを習おうと決心した。韓国語を学んでいたとはいえ、まったく話せず、「アンニョンハセヨ」くらいでよく一人で行ったなといまは思う。その時は必死で、子どもたちがあれだけがんばり、闘い、変わり、自分たちの道を切り開いていったのだから私も前にすすみたい、変わりたい、がんばりたいと思ってソウルに1年間留学した。

当時、指紋押捺を拒否している者には再入国許可が出ず、ソウルに行って、日本に帰ってくるためには指紋を押さなければならなかった。あの素晴らしい子どもたちが「指紋押捺はおかしい。差別だ」とあれだけがんばったのに私は押していいのかと本当に悩んだ。が、韓国留学を終えて、日本に戻ってくるためにはそれしか道がなく、悔しい思いで一度は拒否した指紋を自ら押しに行った。1年間のソウル留学を終えて、私は再び、指導員に戻った。

指導員の身分保障闘争

1990年、トッカビ子ども会の行政的な位置づけは安中青少年会館分室だった。私は市の短期アルバイトという身分で働いていたが、1991年の3月に私ともう一人の指導員が雇用を打ち切られるということになった。

写真2　トッカビ子ども会指導員の身分保障を求める3・1決起集会（1990年3月1日）
撮影者不明　特定非営利活動法人トッカビ所蔵

トッカビ子ども会の行政保障を市に要求した時にいつもネックとなるのが八尾市には在日外国人教育についての指針がないということであった。なので、はやくからトッカビ子ども会はこの策定を市に要求していた。はじめは「民族教育基本方針」という名前で市に何度も要求した。ある年は保護者たちと共にその策定を求め、八尾市役所前で座り込みを行った。いまの市役所庁舎が建てられる前の時代である。永年の要求がようやく実を結び、1990年の6月に「八尾市在日外国人教育基本指針」は策定された。

このように、トッカビ子ども会はすでに差別の反対運動や撤廃運動にかかわり、教育の分野でも八尾市で大きな役割をはたしていたが、行政的な位置づけは安中青少年会館分室ということでしかなかった。指導員の身分も不安定で、短期アルバイトが2人打ち切られると、もう次は人的な保障がなかった。そこで、トッカビ子ども会指導員の身分保障の闘いがはじまった。子どもたちと一緒に地域内でポスターを貼ったりビラを配ったりして、まず、この問題を知らせ、ひろめていった。関係機関にも働きかけ、協力を求めた。そして、最終的には市にこの問題を直接訴える交渉を持つことができた。

学校の中の多文化共生教育

身分保障の闘いではトッカビ子ども会の行政的な位置づけは変わらなかったが、しなければいけないことはよりあきらかになっていった。一地域の在日韓国・朝鮮人の子ども会ではなく、八尾市全体の多文化共生教育を担うものとしての動きが求められていた。そこで、私は高美南小学校の講師となり、八尾市内の小・中学校の多文化共生教育を押し上げる働きをすることになった。時を同じくして、大阪府在日外国人教育研究協議会（府外教）をつくろうという動きがあり、そのためには大阪府下の10程度の市町村でそれぞれ外国人教育のための研究会（単位外教・市外教）をつくろうという話があった。八尾市にも市外教が必要だということになった。その動きを推しすすめるものとしてもトッカビ子ども会がオール八尾的な動きをする必要があったのである。私は八尾市内の小・中学校に出向き、民族クラブをつくっていくという仕事をした。

いまでは八尾市在日外国人教育研究会（八外研）が主催となっている「オリニマダン」は、トッカビ子ども会のサマースクールがもとになっており、１９９１年当時はトッカビ子ども会が八尾市教職員組合とともに行っていた。参加者の全員が在日韓国・朝鮮人の児童、生徒であり、中国やベトナムといった他の外国人の子どもはまだ対象でなかった。

いまでは考えられないが、前年度のオリニマダンに参加した子どもや民族クラブの指導に行き、つながった子どもたちに対しては、子ども会が家庭訪問して参加を募っていた。この年はオリニマダンの参加者数を伸ばそうと2回、家庭訪問を行った。子ども会の指導員だけでは無理なので、安中同胞親睦会の青年部の力を借りた。仕事が終わって、夕方から夜にかけ、青年部と手分けして、在日韓国・朝鮮人だとわかっている子どもの家を一軒一軒、訪問した。青年部の協力なしでは2回の家庭訪問は無理だったと思う。その甲斐あってか、この年のオリニマダンの参加人数は増えた。

民族クラブがある学校はまだ少数であり、民族クラブをつくる動きを起こすためにいろいろな学校をまわった。ウリカラゲモイムに出るためにその発表の指導にも各校をまわった。ウリカラゲモイムで発表したことがきっかけで民族クラブの設立につながった学校もあった。名称はいろいろだったが、学校のなかで在日韓国・朝鮮人の子どもたちが集まる場をつくる。そして、学校の中の在日外国人教育を推しすすめる。そのような学校を束ねるのが八外研、八外研のような各市町村の単位外教を束ねるのが府外教というように道筋がはっきりみえていた。多くの学校の子どもたちや先生とつながり、各学校で在日外国人教育の基盤をつくる仕事にたずさわれたことが、とても楽しく、やりがいもあった。

だが、講師ではやはり身分的に不安定なのは変わらないので、再度、採用試験を受けることとなった。そして、1992年の採用試験に合格し、採用され、現在に至っている。

教師への道

私は高校2年生の時、教師になろうと思った。教師という仕事に魅力があったとか、子どもが好きだったとかではなく、当時は外国籍の者は公務員になるためには教師しかなかったからである。高校2年生の時に進路を考えるガイダンスがはじまり、各々進む道を決めていく時、私には希望はなかった。幼い時より、親から「国籍が違うから公務員にはなれない、民間には就職差別があってなかなか日本人と同じようには雇ってもらえない」と聞かされていた。どうしたらいいのか悩む私に、偶然その時、高校に朝鮮奨学会の方が来て下さり、その講演を聞く機会があった。たぶん、同じ高校の卒業生の方だったと思う。日本人のふりをしてまわりを気にしながら、ドキドキしながら話を聞いた。その方がおっしゃった「大阪府と大阪市は教員の国籍条項が撤廃されており、実際に在日韓国・朝鮮人の教師が本名で教壇に立っている」という言葉が衝撃だった。なれないと思っていた公務員になることができるかもしれない。そう思うと教師になるしかないと思った。私の両親は一世で、日本のなかで会社勤めなどできなかった。毎月お給料がもらえる安定した職業が私にとっては最大の魅力だった。

そのまま教師をめざして大学に進んだが、入学してすぐに、文部省が文部次官通知として各都道府県教委に外国人を教員に任用しないよう通知を出していたことを知った。また、私の在学中に、長野県教委に採用内定をもらっていた梁弘子さんが採用を取り消されるという事態も起こっていた。採用取り消しに反対する人々の声で結局、梁弘子さんは常勤講師として採用された。[3] そのニュースを聞きながら、教員採用の国籍条項は大阪府、大阪市にはないが、実質は長い間、採用されていないし、採用されないのではないのだろうかという不安も大きくなった。大学４回生の時に採用試験を受けたが受からず、そのままトッカビ子ども会の指導員になったのだが、その後、指導員として経験させてもらったことがあまりにも大きかったのでいまとなってはよかったと思う。

先にのべたように、講師として八尾市内のさまざまな学校に行き、民族クラブの結成や指導にかかわるなか、再度、採用試験を受けることとなった。

時を同じくして外国人教員採用にかかわる情勢も大きく動いていた。１９６５年に日本と韓国との間で結ばれた「日韓法的地位協定」にもとづき、１９９１年に日本と韓国が協議した結果の覚書により公立学校の教員と地方公務員の採用が認められた。ただし、教員は任務期限を付さない講師、すなわち常勤講師としての採用となった。日本人教師と給与や待遇では変わらないが管理職試験を受けられないことがその大きな違いであった。大阪は教諭（指導専任）という職名になっている。91年の覚書以降、私も含めて多くの外国人が公立学校の教員となっており、その数は現在、数百人にもなっている。在日韓国・朝鮮人だけでなく、中国人やベトナム人の教師もいる。ただ、外国籍の教員が管理職になれないという背景には、日本の公立学校の長は外国人ではダメだという社会意識がいまでも根強くあるからだと私は思う。

トッカビ子ども会と私

大学生の頃にトッカビ子ども会に出会わなければ、はたして教師になれていただろうかと思う。差別がおかしいと思っても、それを変えていくとか、闘っていくという発想にたてていただろうかと思う。トッカビ子ども会は、差別は闘ってなくしていくものだということをあたりまえのように行っていた。自分のアイデンティティを隠さないで、あるがままに生きることは一番大事なのだということを教えてくれた。また、誰もがそのように生きられるように社会を変えていかなければならないということも教えてくれた。自分が朝鮮人であることを隠さず生きることができているのはやはり、トッカビ子ども会と出会えたからだと思う。

編者注

1　第6章参照。
2　第6章ならびに第10章参照。

3　１９７０年代後半以降、各地で教員採用試験の国籍条項撤廃運動が盛り上がりをみせ、実際に愛知、滋賀、兵庫などで撤廃されるようになったが、１９８２年６月、文部省（当時）が「教諭は日本国籍を有する者のみがなりうる」という見解を各自治体の教育委員会に通達し、同年９月に「国公立大学における外国人教員の任用特別措置法」が公布される際、文部省は「国立、公立の小学校、中学校、高等学校の教諭等については、従来どおり外国人を任用することは認められない」ことをあらためて通達した。この通達を受けて教員採用試験に国籍要件を明文化する自治体が増加し、１９８４年に長野県で教員採用試験に合格した梁弘子さんが採用見送りになる事件が起きた。それに対して市民運動が相次いで申し入れ書や正式採用を求める声明文を発表するなども起こり、長野県教育委員会は梁弘子さんを「教諭」ではなく「常勤講師」として採用する妥協案を発表し、事件を収束させた（国際高麗学会日本支部『在日コリアン辞典』編集委員会（２０１０）『在日コリアン辞典』明石書店、58-59頁）。

コラム2　保護者会とのかかわり

金容俊

私は、大阪市生野区でうまれ育ちましたが、神戸市内の会社に勤務していたので、結婚を機に職場近くへ転居するつもりにしていました。当時、忙しくて家を探す時間がなかったため、同時期に結婚する知り合いが偶然いたのであわせての家探しをお願いしたところ、八尾の安中地域に越してくることとなりました。八尾には来たものの職場近くに引っ越しするつもりはかわらず、のびのびになっていましたが、西宮市に転居先もきまり、引っ越しする段取りもついていました。ところが、当時住んでいた文化住宅が立ち退きになり市営住宅に入居できる、家賃も安くなるとの話を市会議員から聞き、そのまま八尾に残ることにしました。競争率は高かったのですが市営住宅に入居することができ、それからずっと八尾で暮らしています。

子どもが小学校に入学する時に、トッカビに来ませんかとの誘いかけの家庭訪問がありました。民団や総連とは関係のない団体で、正直どのような団体かわからないので不安もありました。しかし、誘いかけに来た青年がまじめそうで、しかも、学校の先生もかかわっているとのことだったので、子どもを参加させることにしました。その頃はまだ文化住宅に住んでいましたが、そこは偶然にも同じ年の子どもを持つ在日の家庭が多く、しかも通う保育所も同じでした。当時はいまよりも民団支持や総連支持がくっきりとわかれており、それぞれの家庭も主義主張は異なっていましたが、みんなが子どもをトッカビに参加させていました。実際に参加させてみると子どもは楽しそうにしており、指導員も若くまじめな人ばかりでした。子どもに本名を名のらせることで差別されるとの懸念もありましたが、それも杞憂で、安心して通わせることができました。

安中地域には部落解放同盟安中支部や「教育守る会」があり、その役員は私と同世代の人たちが多く、一緒にソフトボール部をつくりやっていました。試合が終わって一杯やるのがいつもの楽しみでしたが、そこでの話でひょんなことから「教育守る会」の副会長をすることとなって、その流れで「トッカビ子ども会保護者会」の会長をすることにもなりました。

もっとも、「教育守る会」の副会長といっても支部がすべてやっているので特になにかするということもなく、「トッカビ子ども会保護者会」の会長もまつりあげられたようなもので実質的には名誉職に近く、実務などすべてをトッカビの指導員がやってくれていました。ただ、会長ということでは、日程調整の連絡が多かったと記憶していますが、仕事中の私あてにトッカビから会社の電話に直接かかってくることも頻繁で、その電話口では、指導員の愚痴や悩みなどを聞くことが幾度もありました。

私が保護者会会長だった1980年代はじめから中頃までは集会や対市交渉が多くありました。それらも安中支部の協力があったからこそ行われたのだろうと思っていますが、名誉職に近いとはいえ、会長ということであいさつする機会もありました。当時の交渉はトッカビの行政保障に対する要求が多く、長時間でしかも遅い時間まで行うことが何度もありました。同じ質問で同じ回答が何回もあったりするので、次の日の仕事を考えるとはやく終わってほしいと思ったことが正直、何度もありました。ただ、断言できますが、保護者会にかかわってしんどいと思ったことはありません。

保護者、といっても父親ばかりでしたが、なにかあるたびによく集まりました。同世代がほとんどだったこともあって、集まってはとにかく一杯やるのが常で、逆にいえばそれが楽しみだからこそ集まっていたのかもしれません。帰りが遅くなって小学生の子どもが迎えにきたことも幾度かありましたが、いま思えば、子どもや妻に迷惑をかけつづけた保護者会活動だったのかもしれません。交渉や集会などに参加するばかりではなく、同世代が集まってわいわいやるのが楽しかったからこそかかわり続けることができたのかもしれません。

もともと長く暮らすつもりで八尾に来たのではなく、そのまま残ったのもいわば偶然です。しかし、こうしてふりかえると、八尾に来てトッカビと同世代の在日、安中支部の人たちとかかわることができたのは、結果的には私だけでなく妻と子どもにとってもよかったことだったといえます。

第5章　国籍条項撤廃運動と当事者の経験

鄭栄鎮・李昌宰

1　国籍条項撤廃運動の経緯と運動のロジック（鄭栄鎮）

はじめに

地方公務員採用試験における国籍条項撤廃運動について、朴一は「日本人とおなじ納税の義務を負った在日コリアンが日本人と同様の「住民としての権利」を求めた、はじめての公民権運動であった」と指摘する[1]。国籍条項撤廃運動は1970年代中旬から展開され、運動によって看護師、保育士など専門職の撤廃、一般市での撤廃がまずは行われ、それらの成果から、1990年代以降には政令指定市、都道府県での撤廃を求めて運動が続けられた。

八尾の地においても、1978年に八尾市一般職員、1983年に当時国家公務員職であった郵政外務職の、それぞれの採用試験に設けられた国籍条項の撤廃運動がトッカビを中心として行われ、いずれも撤廃へと導いていている。

もっとも、これからのべていくが、トッカビの場合、その国籍条項撤廃運動時に撤廃のロジックとしていたのは朴一が指摘する「住民の権利」としての側面はもとより、トッカビで育った子どもたちの進路をどう保障するかという側面が強く、それは在日朝鮮人の子どもにとって共通する課題でもあった。

国籍条項撤廃運動のロジック

国籍条項を撤廃するためにはどうしてそれを求めるのかのロジックが必要となり、そのロジックが受容されれば、多くの支援を得ることが可能になる。これをまずは八尾市職員採用試験における国籍条項撤廃運動からみていこう。

「1978年春、トッカビ子ども会の高校生部会で、就職差別の問題が議論される中、公務員の一般職員になぜなれないのか、という疑問が起きてきた。このことは、トッカビ子ども会の行政保障の闘いの中でも指導員の採用の面から議論されてきたことである。ここにおいて、民族教育と進路保障の行政的保障の闘いが統一の土俵で新たに問題とされた[2]」とある。

つまり、トッカビがたずさわった八尾での国籍条項撤廃運動には、就職差別の撤廃・進路保障という側面と、民族教育の公的保障という側面があったことが理解できる。トッカビは「いくら、民族の誇りを持て、自覚を持て、といっても、そのことを受け入れない社会が厳然と続くかぎり子どもたちに希望を持たせることはできません。とりわけ就職における差別は厳しく、子どもたちから勉強しようという気持さえ奪う結果となっています[3]」としており、その当時、在日朝鮮人への就職差別は当然であり、高校生が就職する際の選択肢も当然に少なかった。

さらに、国籍条項について、「在日外国人の大半が、在日朝鮮人で占められている現実の中ではまさに『朝鮮人排除』を意味している」とする。あわせて、それが「役所としての八尾市が在日朝鮮人に門戸を閉ざしていることが、広く固定化されている民間企業の就職差別に口実を与えている（民間企業の多くは、『市役所でさえ雇っていないのに、うちは雇えません』という）（略）、八尾市の『朝鮮人排除』の条項は、まぎれもない差別条項」[4]ともいう。つまり、公務員採用試験での国籍条項は民間企業の在日朝鮮人に対する就職差別の要因であり元凶だとしており、したがって、在日朝鮮人への就職差別撤廃のためには国籍条項の撤廃が当然にめざされるものであり、それはトッカビで育った子どもたちの進路を保障することでもあった。

あわせて、トッカビが公的保障を求めるうえで、それが実現された際には指導員が公務員となる可能性がひらかれるが、当時の八尾市公務員のうち一般職は外国籍者の就任を国籍条項によって拒んでいた。したがって、国籍条項撤廃はトッカビの公的保障を求めるうえでも必要なことであった。

郵政外務職採用試験における国籍条項撤廃闘争においても、「雇用枠の大半を占める民間企業の民族差別を無くすためには、まずもって国や地方自治体が率先して採用を行うことによって、企業に対する啓発、雇用指導を断行すべきにもかかわらず、民間企業でさえ、表だっては明記していない『国籍条項』を国や自治体が逆に率先して堂々と記していることで、これでは、いつまでたっても就職差別が減るはずがありません。現実に企業の中でも『公務員でも採用していないのに』という口実を使うところは少なくありません」[5]としている。

あわせて、「在日韓国・朝鮮人に対する就職差別は、生活全般にわたる差別―教育・社会保障・結婚等―の中でも最も主要なもので、他の差別を再生産する環となっています。とりわけ、子どもたちにとっては、未来の希望を打ち砕き、なげやりな生き方を強いる結果ともなっています。一生懸命勉強してもむくわれないことがわかると、勉学の意欲を失ない、将来を考えることがうとましく思われ、非行や低学力の状況にもつながってゆきます」[6]ともある。

以上、トッカビがたずさわった八尾市職員採用試験、郵政外務職採用試験における国籍条項撤廃運動のロジックをみてきたが、そこでは、在日朝鮮人に対する就職差別撤廃への公的責任、在日朝鮮人の子どもたちの進路保障というロジックが展開されていた。これが多くの支援を得ることで運動が展開され、結果、いずれも撤廃へと導かれたのである。[7]

八尾市職員採用試験における国籍条項撤廃運動の経緯

では、八尾市職員採用試験における国籍条項撤廃運動と撤廃の経緯を駆け足で追っていこう。1978年にはじめられたこの国籍条項撤廃運動では、その当初にトッカビ、安中支部などとの連名で市当局に公開質問状を提出している。その回答の席では撤廃とはならず、市当局からは「地球上に国家・国境があるかぎり、権利の制限はやむを得ない。差別ではなく、区別だ」「日本人でさえ、不況のため就職がむつかしい」と回答されるようなものであった。[8]

この回答に対し、トッカビは「この問題は、複雑な法体系がからんでいる（略）。たんに『差別だ』とやみくもに叫ぶのではなく、闘う側の法理論をしっかりもたなければならない（略）。次に（略）ひとり在日朝鮮人の課題であるだけでなく、日本人の労働権、生活権とも深くからみ合っている。だからこそ、より多くの日本人労働者との共闘を拡大しなければ本当の力にはならない」ことを学んだという[9]。

以降、高校生が主体となった広報活動や市内労働組合への共闘要請活動を行い、市内8団体が参加した「差別国籍条項撤廃市民共闘会議」の結成へと至ってこれが運動の主体となり、1979年2月20日、同会議と市当局との6時間にわたる交渉の結果、「3月末に撤廃すべき」という確約書を交わしたとある[10]。しかしながら、確約書を得た後も、「市は回答をひきのばしつづけた」とあり、共闘会議では、ワッペン闘争や署名活動などの市民世論形成の闘いも行い、新たに労組が加入するなどの動きもあり、運動が拡大されていった。結果、同年8月3日の交渉の席上で撤廃が勝ち取られている[11]。

写真1　八尾市公務員一般事務職技術職差別国籍条項撤廃市民共闘会議結成集会（1978年12月1日）
撮影者不明　特定非営利活動法人トッカビ所蔵

もっとも、撤廃以前の1979年3月22日、上田卓三衆議院議員より当時の大平正芳内閣総理大臣に「在日韓国・朝鮮人の地方公務員信用に関する質問主意書」が提出されている[12]。その答弁書では「公権力の行使又は公の意思の形成への参加にたずさわる地方公務員であるかどうかについては、一律にその範囲を画定することは困難である。いわゆる管理職であるかどうかを問わず、地方公務員の任用にかかる職の職務内容を検討して、当該地方公共団体において具体的に判断されるべきものと考える」との答弁がなされた。

さらに、「公権力の行使又は公の意思形成への参加にたずさわらない地方公務員となるためには必ずしも日本国籍を必要としない（略）日本国籍を有しない者を任用するかどうかは、当該地方公共団体において判断されるべきものと考える[13]」ともあり、つまり、国籍条項撤廃の判断が地方自治体にゆだねられたのである。

したがって、上記の「当該地方公共団体において判断されるべきもの」とする答弁が、八尾市当局の国籍条項撤廃を判断する後押しとなったのはあきらかであろう。八尾市職員採用試験における国籍条項撤廃運動は、国をも動かすことによって、撤廃を勝ち取ったのである。八尾市での撤廃以降、各地方自治体で国籍条項撤廃運動が展開されたとされ、これは「やがて燎原の火のように広がる地方公務員の国籍条項撤廃運動の先駆けとなった」と指摘[14]されるものであった。

郵政外務職員採用試験における国籍条項撤廃運動の経緯

八尾市職員採用試験での国籍条項撤廃闘争とは異なり、郵政外務職における国籍条項撤廃運動では、トッカビ出身の当時高校生であった李昌宰、孫秀吉の２人がその当事者として先頭に立った。当事者としての運動に至るまでの思いなどは後述されるが、ここでは撤廃までの経緯についてみていこう。

１９８３年9月1日、李昌宰、孫秀吉の２人が大阪中央郵便局に採用試験の受験願書を出願し、当局に受付を拒否されたことで運動ははじまっている。拒否後すぐに近畿郵政局との話し合いがもたれ、当局は郵政外務職の仕事が公権力の行使にあたることを拒否の理由としてあげ、警察、裁判所、税務署等の通知を配達することが国家権力の強い意志を伝達することをその根拠とした。しかし、運動側は、警察等からの通達類を国籍条項のないアルバイトが配達することがあり、一部では民間委託が導入されているなど、実際に外国籍者が配達業務に従事していたことを指摘したという。

それに対し、当局は郵政外務職が公権力にあたらないことを認めた一方で「守秘義務」を持ち出し、外国籍者が配達することが不適当であるかのような発言を行ったという。これは即座の抗議により撤回させたものの、その場では決着がつかず、後日の交渉で近畿郵政局が郵政省本省へ問題提起することが確認された。

その後、トッカビが中心となって、当事者2人にかかわりの深い地域や学校関係者によびかけて「李君・孫君を囲む会（囲む会）」が結成され、以降、囲む会が撤廃運動の中心を担うこととなった。部落解放同盟中央本部の対郵政省交渉の要求項目に外務職の国籍条項撤廃も組み入れられることとなり、郵政省との交渉も同年11月15日に行われている。この交渉では、当事者２人の受験に至るまでの思いがのべられたが、あわせて、郵政省の担当者が在日朝鮮人問題の認識に欠けることから、安中で実態学習を行うことも約束された。

そして１９８４年２月９日、郵政省本省の人事課長補佐や近畿郵政局の担当官などが安中地域を実際に訪問し、地域内の視察や在日朝鮮人の歴史や差別の現実、生活実態などについての学習会が行われた。同日の夕刻からは囲む会主催で「李君・孫君を郵便外務職へ！市民の夕べ」が行われ、この場では、民闘連からの要望書や２人の高校や地域から集まった署名などがつぎつぎと手渡され、ついで、トッカビのオモニや青年たちの被差別体験や国籍条項撤廃にかける思いもつぎつぎに語られたという。それらを受けて、郵政省本省の人事課長補佐が「実態や歴史・現実を学ぶことによって認識を新たにした。国籍条項は59年（昭和・引用者注）ないし60年（同）の試験にむけて検討作業を急ぐ」と言明し、これによって国籍条項は撤廃へと大きく動くこととなった。[15]

写真２　「李君・孫君を囲む会」結成集会（1983年11月2日）写真左が孫秀吉氏、右が李昌宰氏
撮影者不明、特定非営利活動法人トッカビ所蔵

その後も撤廃へむけた運動は続いた。4万筆を超える署名の提出や関係する人事院、内閣法制局への要請行動などを経た結果、1984年5月23日の郵政省交渉にて撤廃が勝ち取られた。[16]そして同年10月実施の試験を2人は受験することが可能となり、試験も合格となって外国籍者が郵政外務職に就くこととなった。

身近な人の問題として

以上、八尾市職員採用試験、郵政外務職採用試験のそれぞれの国籍条項撤廃運動を駆け足で検証してきた。前者の運動では民族教育の公的保障という側面もみられたが、両者とも在日朝鮮人に対する就職差別を撤廃し、在日朝鮮人の子どもたちの進路を保障するということが運動の大きなねらいであったのはあきらかである。

郵政外務職の国籍条項撤廃運動の当事者二人は、運動当時、「在日朝鮮人を国が雇っていないから一般企業も雇わなくていいという、口実を作ることにもなっている（略）だれかが立ち上がらねばならない、という思いを持った。と同時に、不安やその他様々な思いもあった。しかし、自分の後輩や子どもたちには、今と同じ生活はさせたくないという思いがあった」。さらに「あとに続く後輩たちが、就職の時にぼくら自身と先輩がうけてきた就職差別をまた経験しなければならない。それらの悲劇をくりかえさせないために、今ぼくらがここで郵便外務職の国籍条項を撤廃して後輩に明るい展望をもってもらいたいと思い、僕は受験を決意した」とのべている。[17]この引用からも、国籍条項撤廃運動は、就労といった生きるうえで欠かせない生活に根ざした問題を、在日朝鮮人じしんが解決をめざしたものであったといえる。

上述のとおり、郵政外務職の国籍条項撤廃運動では、郵政省の担当職員が実際に安中地域を訪問し、在日朝鮮人の生活実態などを直接聞くという場が設けられたが、これによって、当局は、国籍条項の撤廃が遠い世界に住む「外国人」の問題ではなく、身近に住む「外国人」の問題だと認知し得たのではないだろうか。

これは運動も同様である。国籍条項撤廃運動は多くの団体、支援者を得たうえで展開されていったが、それら団体や支援者たちは、在日朝鮮人の存在を「いつか帰る人」ではなく「この地に暮らし続ける人」であり、すなわち、「地域住民」として身近な人の問題と捉え直した。そして、その抱える問題をみずからの問題として再認知したからこそ、その解決をめざして運動に参加することも可能になったと考えられる。

つまり、トッカビによる国籍条項撤廃運動では、在日朝鮮人問題が「地域住民」の生活の問題であるというロジックが浸透したのである。

2　国籍条項撤廃運動の経験（李昌宰）

高校入学まで

いつから自分が在日コリアンだという自覚をもっただろうか。記憶は定かではない。もっとも、友だちの夕飯と見比べて我が家の食卓が赤かったこと（おそらくキムチだろう）、祖父が日本語ではない、なにかわからない言葉でしゃべっていたこともあって、なにかが違うという感覚はあった。

小学3年生の時、トッカビ子ども会に誘われて行くこととなり、それが転換点になった。うまれた時から日本名を使っていたが、トッカビではじめて「君の名前はリチャンヂェっていうんだよ」と教えられ、「違います」といい返した記憶がある（当時は「イ」ではなく「リ」といっていた）。勝手に人の名前をかえるなと思ったからだが、いつももらえるジュースほしさにイチャンヂェでもいいかなと思い、参加するようになった。ただ、幾度も呼ばれることで、徐々にイチャンヂェという名前に愛着をもつようになった。

活動に参加するなか、鮮明に記憶に残っている指導員との会話がある。「君らおじいちゃんおばあちゃん、ハンメ、ハラボヂ（朝鮮語で祖母、祖父）のこと好きか？　一緒にまち歩けるか？」というものだ。「歩かれへん」「おじいちゃんおばあちゃんら好きやけど、一緒に手つないで歩いたらバレるから」。そのような声が出たのだが、すなわち、在日であることをあかすのは非常にきびしい状況にあった。

学校では日本名、トッカビではイチャンヂェという名前で通い、いわば二つの狭間にあったが、トッカビで本名を名のる取り組みが行われるなか、自分も小学5年生で本名宣言をすることとなった。父は「お前の人生やから好きなようにしたらよい」という反応だったが、母は真剣に受け止めてくれた。母はトッカビの立ち上げ期に靴下販売やキムチ販売などでそれを支えた一人で、不安はあったであろうが反対はしなかった。はじめての宣言は被差別部落の子ども会の活動のなかで、「実は、僕は在日韓国・朝鮮人です」といった時、緊張していたのだろうか涙が止まらず、その後いえたのは「イチャンヂェといいます。よろしくお願いします」だけだった。

しかし、ある意味では小学校での本名宣言は簡単なものだった。トッカビや被差別部落のなかまがいて、まわりの子の理解があり、いわば温室的な地域で育ったからだが、高校生になるとそうもいかない。八尾市外の高校に入学したが、クラス編成の掲示でまず探したのが、李昌宰のような朝鮮名だった。それらしき名前はあってもやはり自分一人だけで、変に気を張る部分もあった。

名前をみて気づいたのだろうか、部員が誰もいなくて潰れるからと教師に誘われ、朝鮮文化研究会（朝文研）に入った。部員が自分一人の状態だったが、なんとか部員をかき集めて名前だけの部員も含めて7人ぐらいまでに増やすことができた。

受験を決意するまで

郵便局の国籍条項撤廃に取り組んだのは、実は自分自身の大きな思いからではない。高校の時に在日朝鮮人も郵便局でアルバイトできることは知っていて、卒業後は進学せず働くと決めてはいたが、トッカビの指導員から郵便局を受験してみないかという声かけがあった。よい職場だろうとは思っていたが、なにか引っかかり、調べてみるとやはり国籍条項があった。トッカビからの声かけは、すなわち撤廃運動の当事者となること、運動の先頭に立つことを求めているのだから悩まないはずがない。子ども会の活動で指導員からみんなを前に、郵便局の受験には国籍条項がある、君たちはどうするのだとたずねられた。のちに一緒に運動の先頭に立つことになる孫秀吉君は、「チャンヂェがやるなら自分はやる」とこたえたのだが、受験は嫌だと思っていたところに一緒ならやるといわれ、どんどんと追い詰められていく状況となってしまった。

結局、被差別部落出身の友人を含め、トッカビで幾度も話し合いを重ねるなかで受験を決意したが、「ぼくにこの決意をさせたのは、何よりも現在の在日朝鮮人の生活実態というものだった。その生活はというと、多くは日雇い労働者・自動車運転手・自営業といったような不安定な仕事によって支えられているということだ。その原因のひとつに、国が朝鮮人を雇っていないということが掲げられる。在日朝鮮人の場合、歴史的背景からみても他の外国人とは異なっているにも関わらず、在日朝鮮人を国が雇っていないから一般企業も雇わなくていいという、口実を作ることにもなっている。そういうことに対し、だれかが立ち上がらねばならない、という思いを持った。と同時に、不安やその他様々な思いもあった。しかし、自分の後輩や子どもたちには、今と同じ生活はさせたくないという思いがあった」のは正直なところでもある。[18]

受験の決意を母に打ち明けたが、母も国籍条項の存在を知っていて、無理ではないかと悲観的だった。それ以前、１９７９年に八尾市職員の国籍条項が撤廃されていたが、次は郵政省という国が相手となる。母にはそう簡単には撤廃とはならないだろうという思いと、子に苦労をかけさせたくないという思いもあっただろう。だが、１年間だけがんばらせてほしいと話をして、納得をしてもらった。

願書提出

高校3年生の時、たしか9月1日の関東大震災60周年を迎える日に、大阪中央郵便局で願書を提出することとなった。願書の都道府県記載欄には「韓国」と記入し、郵便局内で部落差別解消にむけた活動を行う「大阪郵便局連合部落解放研究会（連合研）」に集う職員や、ほかの郵便局に勤めている多くの人が私たちを囲んで、願書提出を支援してくれた。ところが、後日受験票を郵送するとのことで、想定外に受理されてしまった。確認をしても大丈夫との返答があり、あえて国籍が違うことを申し添えたところ、担当者もことの重大性に気づいたのかしばし沈黙が続き、かわって管理職2人の応対となった。

対応者がかわり、そこではじめて受付を拒否されるに至ったのだが、その理由が「規則できまっているから」だった。とうてい納得できるわけもなく、話し合いの場が設けられ、拒否の具体的理由と根拠を支援者とともにただしていったところ、当局より拒否の理由としてのべられたのは前節のとおりである。

この話し合いでは納得のいく説明もなく、願書を当局が預かるということになり、次回の協議を設定することを当局と確認して、撤廃にむけた闘いがはじまることとなった。その年は撤廃とならなかったが、二人とも八尾郵便局のアルバイトとして、実際に郵便配達をしながら運動を続けることになった。

高校での闘いと支え

前節のとおりに地域では「李君・孫君を囲む会」が結成されて運動をすすめていったが、自分の通う高校でも撤廃を訴えていくことになった。その運動の一つが「『李君孫君を雇え!』ボールペン」を売ることだった。活動資金の捻出のためで、これを1本100円で学校で売ることとなったのだが、校内では販売が禁止されているのでどうするか考え抜いた。朝文研の部長をつとめていたこともあり、野球部やサッカー部なども含めた全クラブの部長会議に出席して、国籍条項撤廃にむけた思いを訴えつつ、各クラブの部員数で売ることにした。運動部は部員も多いので、勝負がはやかった。その場で代金を回収できないクラブもあったが、忘れていたといって卒業式の日に手渡してくれたクラブもあった。

ボールペンが行き渡ると、アルバイトしている子がバイト先やいろいろなところで実はこんな取り組みをしていると声かけしてくれるようになった。すると、まったく知らない子がボールペンを100本ほしいといってきた。アルバイト先で店長に話したところ、店長から100本買って来てといわれたといっていた。

高校で署名を集めたこともある。担当教師に許可をもらえば校内で活動が可能になるので、そのために朝文研の顧問とも相談しながら、活動の代表に仕立てた同級生とともに意気揚々と就職担当教師のもとをたずねた。すると、「知らない」との思いもよらぬ回答だった。根回し、すなわち、職員会議でも承認されているはずである。それを伝えたが「通っていない」といわれ、一瞬で頭が真っ白になり、近くにあった用紙をその先生に投げつけてしまった。同級生が止めてくれはしたが、自校の生徒の就職の問題ではないか、自分はこの学校の生徒ではないのか、と思いの丈をぶつけてその場を立ち去った。このできごとを朝文研の顧問に話すと、なんと職員会議で議題に出すのを忘れていたらしい。しかし、学校で問題になったためすぐに署名活動ができることとなった。

朝文研の活動で年2回ビラまきも行った。朝文研のビラまきだといっても集まらないだろうと考え、使ったのは、他の高校とトラブルになって校門で待ち受けている。みんなで集まってなんとかしようという、いわば騙し討ちをして集める作戦だ。これで同級生が来てくれたのだが、来ていきなり、ビラを配ってくれとお願いした。同じことを2回もすると、さすがに同級生も最初からビラまきだとわかっていたが、それでもみんな一緒にやってくれた。「在日の国体出場問題」「外登法の指紋押捺問題」「みずからの生い立ち」など学習会にも参加してくれた。

署名活動は、その活動に参加したメンバーがやってくれた。私と友人で1年生と2年生のクラスをまわっている間に、声をかけていた数人が3年生をすべてまわってくれて、ほぼ3年生全員の署名が集まっていたこともあった。まったく知らない子も署名を集めてくれていた。どのように集めたのだろうかとみると、「あそこのクラスに李君おるやんか。あの子なんか朝鮮人やから郵便局受けられへんっていわれてるらしいで。あんたおかしいと思わへんか」「みん

写真３　李君・孫君を郵便外務職へ！　市民の夕べ（1984年２月９日）
撮影者不明　特定非営利活動法人トッカビ所蔵

な郵便局とりあえず受けてんのに、あの子受けられへんておかしいやろ。署名しい」というもので、国籍条項の不合理を理解しつつ、身近な友だちの問題としてかかわってくれたのだと思う。このような学校での同級生たちの支えがあってこそ、運動を続けることができたのだった。

国籍条項撤廃

東京へ行き、郵政省を相手に交渉したが、もちろんすぐに撤廃とは至らなかった。ただ、その時の担当官が、私たちが育った地域をみてみたいと発言されたことから、安中地域内の現地視察を行うことになった。在日コリアンの集住地区の視察や在日コリアンの歴史や現況などの学習会が行われ、夜は「李君・孫君を郵便外務職へ！　市民の夕べ」と題した集会がもたれた。集会で

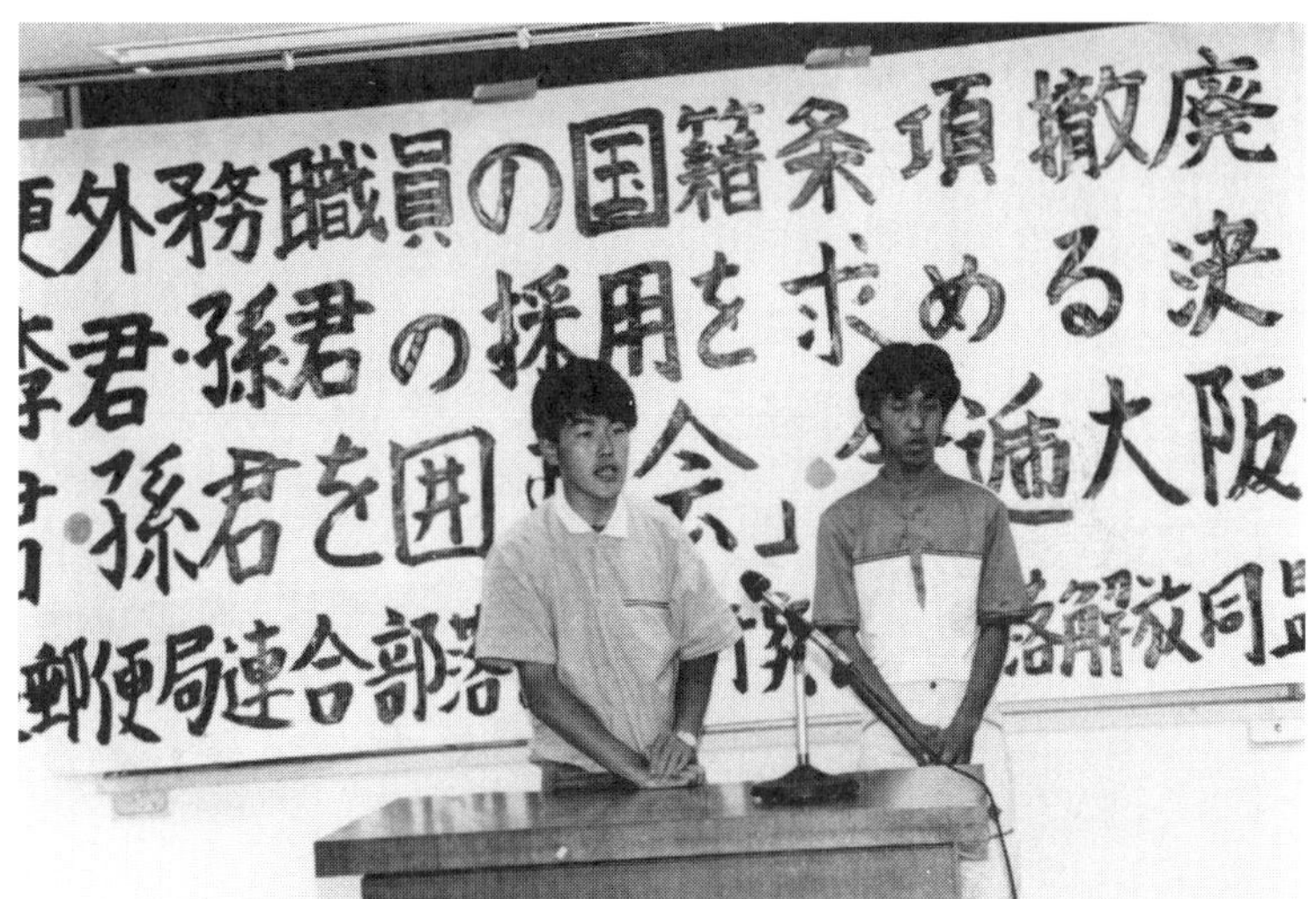

写真４　郵便外務職の国籍条項撤廃報告 李君・孫君の採用を求める決起集会（1984年６月16日）左が筆者、右が孫秀吉氏
撮影者不明　特定非営利活動法人トッカビ所蔵

は、郵政省の担当官に対してトッカビの母親たちが涙ながらに切々と思いを訴えてくれた。たとえば、朝鮮人だということを隠して働いていたが、ある日突然バレてしまった。両親が会社の社長に呼びつけられて、今まで払った給料全部返せっていわれ、両親が土下座をして謝ったというような話があった。

そんな話が心を打ったのだろうか、担当官からは、撤廃にむけた検討作業を急ぐとの言葉が出された。東京に戻り、撤廃にむけてかなりの交渉をやってくれたようだった。もう一方では、近畿の普通局といわれる郵便局長全員が、近畿郵政局に対して国籍条項を撤廃すべきとの上申書を提出してくれた。全局でそういった上申書があがったのは画期的だったと思う。

撤廃は1984年5月23日だった（5月24日に報道）。参議院議員会館でテレビに囲まれ、その場で担当官が「本日をもって、郵便外務職の国籍条項を撤廃します」と告げた。大きな歓声をあげることはなかったが、さまざまな思いが込められた撤廃だった。八尾はもとより、それ以外の地域も含めた在日コリアンだけでなく、多くの日本人のなかまたちが涙ながらに訴えてきてくれた思いが一気に花開いた感がした。

試験合格と働きはじめて

撤廃はなされたものの、一番の課題があった。試験である。合格しなければ採用されることはない。それを見越したうえでの撤廃だったのではとも思ったのだが、とにかく勉強が必要だった。これを支えてくれたのは、かつてトッカビの指導員としてかかわり、学校教師となった何人かの日本人だった。郵便局のアルバイトが終わった後の夜に学習会を開いてくれ、いつも付き添い勉強を教えてくれた。必死の思いで勉強したが、それでも合格する自信はなく、常に不安が先立っていた。合格通知は速達で送られてくるが、自分宛ての合格通知を自分で配達するということをやって、無事合格を知り、その時はじめて正職員として働けるという確信をもつことができた。

堺郵便局に2人とも配属され、1985年4月から働きはじめたのだが、やはりいろいろな問題が起きた。「朝鮮人は国へ帰れ」「朝鮮人は1000分の1の税金でよい」などが別の局のトイレで書かれていたのだ。ただ、問題の発覚後に郵便局で集会がひらかれたが、集会では、このような落書きにあらわれた意識が在日コリアンを排除してきた職場風土として残っており、問題であると話し合われ、それを直す必要があると多くの人たちが声をあげてくれた。自分たちが郵便局に入ることを否定する人もいれば差別する人もいるだろうが、それとむきあって是正する、なくしていこうとする人が多いことを知って、私たちははじめて安心することができた。

堺郵便局でもトイレに大きな字で「朝鮮人殺せ」という落書きが書かれているのがみつかった。現物をみてきびしい感じを抱きながら、2人でどうしようかと思いめぐらしていた。しかし翌日、局長が、「この落書きを書いた人出てきてください。怒りません。でも出てきてください。誤った認識があるのだったら一緒に考えましょう」との呼びかけを各部全課をまわって行ってくれた。私も、差別事件が起こって悔しい思いをしたこと、在日の歴史を理解してほしいという思いを局内の全員に話す時間を得た。問題が起きたとしてもそれをいかにただしていくのか、それを許さない環境をどうつくっていくのか、たえずふりかえることによって快適に働ける職場環境を築くことができると思ったできごとだった。

その後、周知のとおりに郵便局は日本郵政公社、日本郵政グループへと至ったが、郵政公社当時、公権力の行使にあたるとのことで、課長代理職以上の役職への道が閉ざされていた。２００７年10月の完全民営化時にもまだ同じことがいわれていたが、実は知らぬ間に外国籍の者が総合職で雇われていた。それを当局に指摘すると、「ほんまや」で終わった。国籍条項の根拠がないのがよくわかるのではないだろうか。２０２３年現在、近畿では在日コリアンの局長もうまれており、私も部長職に就いている。

おわりに

これまでお世話になった人に、私たち在日コリアン２人が合格することは、２人の日本人が不合格になることだといわれたことがある。素直な気持ちだろう。もっとも、まったく知らない日本人２人と、一緒に育ってきた在日コリアンや外国ルーツの近所の子が合格するのとではどちらがうれしいかとたずねてみると、返事は後者だった。

これまでふりかえってきたように、地域の大人や一緒に育ってきた友人、高校の同級生などが運動をともに闘い支えてくれた。それは、身近な友人・知人の問題として捉えたからこそそのものだったのではないかと思う。

脚注

1 朴一（1999）『〈在日〉という生き方 差異と平等のジレンマ』講談社、53頁。

2 八尾市公務員一般事務職・技術職差別国籍条項撤廃市民共闘会議（1980）「八尾市公務員一般事務職・技術職職員受験資格における差別国籍条項撤廃闘争」、日本の学校に在籍する朝鮮人児童生徒の教育を考える会『むくげ』65号、9-20頁。

3 トッカビ子ども会（1984）『친구와함께（チングワァハムケ）なかまとともにトッカビ子ども会10周年記念誌』、46-47頁。

4 差別「国籍条項」撤廃八尾市民共闘会議準備会（1978）「市職員受験資格の『国籍条項』を撤廃せよ！市職労・全市職員の連帯 支援を訴えます」、特定非営利活動法人トッカビ所蔵資料。

5 李君・孫君を囲む会（1984）『李君・孫君を郵便外務職へ 郵便外務職差別「国籍条項」撤廃にむけて』、17-18頁。

6 同書18頁。

7 地方公務員採用試験に設置される国籍条項は「当然の法理」がその根拠となっているが、これは法ではない。1953年、政府の「わが国の公務員が日本国籍を喪失した場合、その者は、公務員たる地位を失うか」という照会に対する高辻正巳内閣法制局第一部長（当時）の回答がもととなっている。そこでは、「一般にわが国籍の保有がわが国の公務員の就任に必要とされる能力要件である旨の法の明文の規定が存在するわけではないが、公務員に関する当然の法理として、公権力の行使又は国家意思の形成への参画にたずさわる公務員となるためには日本国籍を必要とするものと解すべきであり、他方においてそれ以外の公務員となるためには、日本国籍を必要としないものと解される」とされており、これが「当然の法理」である。「当然の法理」では公務員を「公権力の行使および国家意思の形成への参画にたずさわる公務員」と「それ以外の公務員」に二区分しているが、外国籍者が「それ以外の公務員」となれる可能性を示す一方で、「公権力の行使および国家意思の形成にたずさわる公務員」となる可能性が閉じられている。さらに、「当然の法理」では「公権力の行使および国家意思の形成にたずさわる公務員」と「それ以外の公務員」が、公務員の数ある職種のうちどれにあたるかは示されていない（鄭栄鎭（２０１８）『在日朝鮮人アイデンティティの変容と揺らぎ——「民族」の想像／創造』法律文化社、１２８頁）。

8 前掲「八尾市公務員一般事務職・技術職員受験資格における差別国籍条項撤廃闘争」。

9 同資料。

10 同資料。

11 同資料。

12 上田卓三は部落解放同盟大阪府連合会書記長、委員長などをつとめ、１９７６年、八尾市も選挙区に含まれる衆議院の旧大阪4区より日本社会党公認で出馬して当選し、以降、衆議院議員を通算6期17年つとめた。つまり、この質問主意書は部落解放同盟との共闘によって実現したといえる。

13 『官報 号外 昭和54年4月24日 第87回国会衆議院会議録 第20号』、国会議事録検索システム、https://kokkai.ndl.go.jp/#/detailPDF?minId=108705254X02019790424&page=1&spkNum=0¤t=1（２０２３年3月9日アクセス）。

14 前掲『〈在日〉という生き方 差異と平等のジレンマ』、51頁。
15 前掲『李君・孫君を郵便外務職へ 郵便外務職差別「国籍条項」撤廃にむけて』7-15頁。
16 前掲『친구와함께（チングワァハムケ）なかまとともに トッカビ子ども会10周年記念誌』61頁。
17 前掲『李君・孫君を郵便外務職へ 郵便外務職差別「国籍条項」撤廃にむけて』22-23頁。
18 同書22頁。

第6章　教育と運動のひろがりを追い求めて

——八尾教組、民闘連とのかかわりから

鄭栄鎭

1　はじめに

第2章ではトッカビと他の運動とのかかわりについて、特にトッカビ発足時の部落解放運動とのそれに焦点をあて検証してきた。本章では部落解放運動以外の運動とのかかわりにふれ、トッカビの教育実践と運動をどうひろげていったのかを検証する。

まずは、八尾市の公立学校教職員の労働組合である「八尾市教職員組合（八尾教組、八尾市教組）」との連帯・共闘関係である。1980年代以降、トッカビの教育実践は安中という一地域から八尾市全域、そして子ども会から学校教育の現場へと拡大・展開していくことになるが、それは八尾教組との連帯・共闘があってこそ可能となった。本章ではトッカビと八尾教組との連帯・共闘関係について、「八尾市在日外国人教育基本指針」が1990年に策定されるまでを主に検証していく。

ついで、八尾市というローカルレベルから全国レベルへと視角をひろげる。「民族差別と闘う連絡

協議会（民闘連）」への参加によって、トッカビは全国各地域の在日朝鮮人の反差別、人権獲得の闘いに学び、のちにはその運動の中核を担っている。

以上、本章ではトッカビの実践のひろがりを八尾教組、民闘連のかかわりから検証をすすめていく。

2　八尾市教職員組合との連帯・共闘

八尾市教職員組合の在日朝鮮人教育をめぐる運動方針

1975年2月、トッカビの活動報告が八尾教組在日朝鮮人教育専門部会にて行われている。これがトッカビと教組運動とのはじめてのかかわりとされている。[1]

その前後の八尾教組と在日朝鮮人、在日朝鮮人教育とのかかわりをみてみよう。八尾教組の1975年度運動方針案には、「Ⅳ 教育における地方自治のたたかいと民主的教育の創造」、「1．八尾教研の課題」に「在日朝鮮人教育の推進」とある。[2] ついで「Ⅴ 反戦・平和・民主主義を守るたたかい」でも「在日朝鮮人の民族教育をはじめとする民主的・民族的諸権利を確立する運動を支援します」との記載がある。[3] もっとも、この方針案にて在日朝鮮人教育について記載されているのは以上の項目のみであり、その文言からもスローガン的に掲げられたものだといえなくもない。

これが1977年度の運動方針案では「6．在日朝鮮人教育の推進」と大項目になり、あわせて、在日朝鮮人の姿が以下のようにえがかれている。

「在日朝鮮人は、教育、労働、生活などあらゆる場合において差別されている現実が厳しく存在している。その中で在日朝鮮人生徒は『民族的自覚』を奪われ、展望さえ失わされています。彼らの『低学力』『非行』の問題もこうした歴史的・社会的背景によるものだということを確認し、このような差別の現実から学び、我々自身が差別とは何か、ということを具体的に子どもの生活や、姿から見抜かねばなりません」とあり、ついで、「『民族教育のめざすもの』という目標のもとに、各分会での具体的とりくみや実践の交流、アンケート、講師を招いての学習会などをとりくんできました。地域や文化によっては、かなり推進され子どもや親の自覚のもとに『本名をなのる生徒』、地域の子ども会に結集し、母国や母国語、生活や文化を学習している生徒もいます。こうした中で我々教師は積極的に学び、とりくんでいく必要」があるとしている。[4]

このような在日朝鮮人、教育現場での在日朝鮮人教育の現状把握を行ったうえで、具体的方針として「『朝鮮を正しく教える』とりくみを推進しよう。そのために資料づくり、実践交流をふかめよう」「差別の現実から学び、見抜ける力を身につけ朝鮮人生徒をささえていくとりくみをしよう」「民族的自覚や、誇りをとりもどすとりくみを学級集団、日本人のささえや連帯の中から進めていこう」「在日朝鮮人生徒の進路をはばむ差別の実態をとらえそれを克服していくとりくみをしていこう」「以上を保障できる人的物的条件をかちとろう」の5項目が掲げられている。[5]

1975年の方針でのスローガン的な記述と1977年の具体的な姿がえがかれた方針とでは大きな質的転換があることが理解できるが、それに影響をおよぼしたのは、トッカビによる地域での実践や、長橋小学校などの大阪市内の公立小・中学校における在日朝鮮人教育の実践の展開などが要因としてあげられよう。八尾市内の公立小・中学校においても、1976年に高美中学校で朝鮮文化研究会が発足し、1977年には高美南小学校に民族クラブが設置されている[6]。両校の校区内にトッカビがあることから、その設置にはトッカビの実践の影響がうかがえるのだが、そこから離れた桂小学校でも1977年に「朝鮮人児童交流会」が開催され、翌年には「朝鮮人子ども会として定着」したとある[7]。つまり、八尾市の学校教育の現場では、1970代中後半から在日朝鮮人やその子どもの課題が課題としてフォーカスされるようになり、学校教育のなかで民族クラブなどが設置されるようになっていったと推察できる。したがって、学校教育の現場で積み上げられた在日朝鮮人教育の実践と、それをさらに後押しすることが先述の八尾教組の方針にあらわれたと考えられるだろう。

「八尾市に住む韓国・朝鮮人児童・生徒のためのサマースクール」の開催

上述の方針を具現化するものであり、かつ、個別の学校現場での実践とは異なる全市的な実践として、さらには、八尾教組とトッカビとの教育実践における連帯関係をも具現化したといえるのが1981年に第1回が開催された「八尾市に住む韓国・朝鮮人児童・生徒のためのサマースクール」（サマースクール）である。1982年には「フェスティバル韓国・朝鮮の歌とおどり」（フェスティバル）もはじまった。これらの取り組みによって、トッカビはそれまでの安中という一地域の在日朝鮮人の子どもを対象とした教育実践を八尾市全域のそれへと拡大することができるようになった。あわせて、両イベントを毎年開催することで学校現場との接点が拡大し、安中地域以外の在日朝鮮人の子どもやその保護者との接点を確保することも可能となった。これによって、トッカビは八尾市における在日朝鮮人教育の拠点としての位置づけを確実なものとすることができたのである。

サマースクール、フェスティバルとも現在も年1回開催されているが、年1回でしかないことから単発のイベントとならざるを得ない。しかしながら、これらイベントには学校現場での在日朝鮮人教育の実践をバックアップする目的がある。第10章であらためてのべたい。

「八尾市に民族教育を保障させる連絡会」の結成

サマースクール、フェスティバルとも、いずれも公的機関が実施するものではなく、まして公的な位置づけのある実践・イベントではない。八尾教組がトッカビとともに企画、運営、財政から実務までを担って実施されてきたものであるが、これを換言すると、その当時の在日朝鮮人教育とは、地域や一部の熱心な学校教員が行う「やってもやらなくてもよいもの」であった。

写真1　「八尾市に民族教育を保障させる連絡会」準備会（1981年11月26日）
撮影者不明　特定非営利活動法人トッカビ所蔵資料

しかも、制度的・公的位置づけがないということは、在日朝鮮人教育に対する公的な支援、あるいは財政的な保障がないことであり、かつ、実践の継続性が制度的に担保されないことでもある。したがって、それらをいかに確保するかが在日朝鮮人教育の展開と推進にはきわめて重要な課題であった。

このような状況下で、当時の八尾教組執行委員長、トッカビ子ども会保護者会会長がよびかけ人となって「八尾市に民族教育を保障させる連絡会（連絡会）」が１９８１年に結成された。連絡会は八尾教組、トッカビや部落解放同盟安中支部、労働組合などで構成され、八尾教組執行委員長が会代表に就き、市当局との交渉の先頭に立った。

連絡会結成集会の資料をみてみよう。結成を呼びかける案内の「経過報告」をみると、上述の第1回サマースクールに八尾市内小・中学校のうち15校１２８名の子どもたちが参加し、その取り組みのなかで「失われていた民族の誇り自覚をとりもどし、あらためて民族教育の必要性を痛感した」とある。そのうえで、「本来在日韓国・朝鮮人の民族教育は、日本の教育行政の責任によって行われるべきである（略）トッカビ子ども会の行政保障をめぐる交渉の中で、八尾市教委は、『民族教育は、行政責任として推進する』という見解を明らかにした。ところが、いまだ具体的方針が明らかになっていないばかりか、サマースクール・ハイキングに対しても一切の助成を拒否している（略）そこで、私たち八尾に生活する市民、労働者ひとりひとりが、この問題をみずからの問題としてうけとめ、ともに団結して民族教育の行政保障および発展のため、連絡会結成のはこびとなった」とされている。[8]

つまり、連絡会はそれまでも安中支部、トッカビがくりひろげてきた在日朝鮮人教育の公的保障を求める運動を、より広範囲の労働組合、市民団体を糾合して共闘戦線をひろげたものであり、民族教育の公的保障を安中支部・トッカビの要望から全市民的要望へと拡大させるねらいがあった。

また、サマースクールという八尾教組との連帯・共闘関係によって実施されたイベントによって、トッカビの実践は安中でのそれから八尾市全域へと展開することが可能となったが、その成果の一方で浮上してきた課題が民族教育の公的責任が不十分かつ財政的保障がないことであった。

以上の経過から、この連絡会発足にあたっての課題として掲げられたのが「民族教育基本方針の策定」「民族教育の予算的位置づけと保障」「統一行事に対する助成、指導員の配置」「教材研究、作成指導のための機関設置」「市全体の年次教育計画の策定」「実態調査、進路

写真２　八尾市に民族教育を保障させる連絡会と八尾市との交渉（1982年２月15日）

撮影者不明、特定非営利活動法人トッカビ所蔵

追跡調査」「各学校園でのとりくみのための指導員（講師）の配置」などである。[9]

以上から理解できるように、この連絡会はそれまでいわばボランティアベースで展開されてきた学校現場やサマースクールなどの在日朝鮮人教育の実践を、その実績をもとにして公的制度に組み込ませ、公的保障を確保することが目的であった。さらには、公的制度に組み込ませることで、在日朝鮮人教育のさらなる展開と制度化をめざしたものでもあった。だからこそ、課題の筆頭に掲げられたのが「民族教育基本方針の策定」である。在日朝鮮人教育の基本方針を市当局が策定し、そこで市当局みずからがそれら教育の必要性と方向性を明示することは、在日朝鮮人教育への公的責任を認めることである。それによって、在日朝鮮人教育が「やってもやらなくてもよいもの」から「やらなくてはいけないもの」へと質的転換を遂げることとなり、市当局の責任のもと在日朝鮮人教育を市全域で展開する根拠となる。「民族教育基本方針」の策定が連絡会の筆頭課題となるのは必然であった。

「民族教育基本方針」の策定をめぐって

結論からいえば、連絡会が求めてきた「民族教育基本方針」は「八尾市在日外国人教育基本指針」として1990年に策定され、その要求が具現化された。1991年には同指針を具現化する組織として「八尾市在日外国人教育研究会」が結成され、これも連絡会が求めてきた「教材研究、作成指導のための機関設置」が実現している。

もっとも、これらの実現も1981年に要求をはじめてから10年近く費やされたうえでのものであり、そこへと至るまでにはねばり強い運動が継続されている。

資料によると、「民族教育基本方針」策定をはじめて市当局に要求したのは１９７６年４月16日の部落解放同盟安中支部教育部交渉の席上である。そして、１９８１年に連絡会が結成されてからはその要求を連絡会も並行して行うようになり、同年12月17日の連絡会と市当局による初交渉において市当局は「１９８２年度策定に努力すると回答」したとある。１９８２年11月15日には「基本方針第一次案作成 連絡会に提示」、翌３月に「第二次案作成 連絡会に提示」、同年６月13日「基本方針にむけての第一回代表者会議」とあり、策定間近の様子がうかがえる。[10]

ところが、１９８４年１月23日には「連絡会の申し入れによる説明会。市側『基本方針策定メドが出せない状態』と回答」となって状況が後退している。１９８５年の安中支部教育部交渉で「市側『基本方針検討委員会を設置し、すすめてまいりたい。』と回答」とあるが、１９８６年12月29日に連絡会が「民族教育基本方針策定に関する申し入れ書」を「八尾市長、八尾市教育長に提出」となっており、膠着状態が続いている。

その状態を打破するためトッカビは保護者たちによる八尾市庁舎前の座り込み闘争を行っているが、その際に配布されたビラには「ウソをつきつづける八尾市！（略）八尾市は、１９７６年７月に『基本方針』策定の確約をしたのをはじめ、何度となく『策定する。』といいながら、今日に到っても、策定のメドさえ出していません。市長も、議会答弁の中で民族教育基本方針は『必要である。』といいながら、基本方針策定のための『検討委員会』設置のための予算を市長査定で認めないという考えられない態度をとっています」としている。[11]

座り込み闘争の結果、教育長が「『たとえ、検討委員会の予算が０であっても、教育委員会として、検討委員会を設置し、基本方針策定にむけてすすむ。』と確約した」とある。[12]これによって要求してきた「民族教育基本方針」は「八尾市在日外国人教育基本指針」への結実へと至ることとなった。

以上、八尾教組、トッカビとの連帯・共闘関係を「八尾市在日外国人教育基本指針」策定まで検証してきた。サマースクール、フェスティバルの開催は八尾市在日外国人教育研究会へと引き継がれ、いずれもコロナ禍の2020年、2021年をのぞいて毎年開催されている（第10章）。同指針は八尾教組、トッカビなどによるねばり強い運動によって策定されたが、その背景には先の八尾教組の運動方針案にみられるような在日朝鮮人の子どもの現状を見据えたうえでの、在日朝鮮人教育の全市的拡大と公的制度への位置づけが求められてきたからであった。

3　民族差別と闘う連絡協議会への参加

民族差別と闘う連絡協議会

民族差別と闘う連絡協議会（民闘連）は、日立就職差別闘争[13]以降、これにかかわった人々によって1974年に結成された協議会である。[14]その組織は「形式的には確たる組織体ではな」く、「民族差別と闘う市民団体であって（略）参加する者は、次に掲げる大枠の〝三原則〟を共有しており、それに賛同する者は誰にでも開かれている場である」というものである。三原則とは「1在日韓国・朝鮮人の生活現実をふまえて民族差別と闘う実践をする。2在日韓国・朝鮮人への民族差別と闘う各地の実践を強化するために交流の場を保障する。3在日韓国・朝鮮人と日本人が共闘していくこと」である。[15]

民闘連にトッカビは参加し、のちに大阪、あるいは全国でその運動を担う中心となった。ついで、民闘連とトッカビとのかかわりについてみていこう。

民闘連への参加

1976年の川崎市で行われた第2回民闘連全国交流集会において「民族差別と闘うオモニと青年」と題したトッカビの発足の経緯や課題などについての報告が行われており、これがトッカビと民闘連との最初のかかわりだと思われる。

トッカビの民闘連への当初のかかわりは積極的ではない。1974年に関西民闘連が発足しているが、加盟団体は「KCC（在日韓国基督教会館）、在日外国人の人権を守る会、兵庫民闘連、日本の学校に在籍する朝鮮人児童・生徒の教育を考える会、中京煥君を支える会宝塚事務局など」となっており[16]、トッカビの名前はない。トッカビの1979年の資料では民闘連を韓国民団、朝鮮総連の運動に失望した第三勢力としながら、「宗教的基盤を元に発展した組織ゆえに、その質的発展が却って、宗教的束ばくによって、抑圧されていることを見逃してはならない[17]」と警戒感をあらわにしている[18]。

1979年の第5回民闘連全国集会にてトッカビは「トッカビ子ども会の活動」と題した報告と、「八尾市公務員一般事務職・技術職員受験資格における差別国籍条項撤廃闘争報告」を「八尾市公務員一般事務職・技術職差別国籍条項撤廃市民共闘会議」名義で行っている[19]。ここへの参加に際し、その是非が内部で検討されたようである。

「第5回民闘連全国交流集会に参加するトッカビの基本姿勢」と題された資料には「これまでの民

闘連運動に対するトッカビの姿勢」とあり、民闘連を「日立闘争以降在日朝鮮人解放運動を差別解放の視点から展開してきた組織」と規定し、「その原則はトッカビと変わりない」としている。しかし一方では、「現実に各地の運動が全て民闘連に集約されているわけではなく（東京、大阪、九州）、ましてや、全体的に運動が未だ混迷期にある現実の中では、トッカビが民闘連に積極的に参加することは、トッカビの主観を超えた様々な問題が、外部から引き起こされるという危険性を伴うものであった。さらに、トッカビが、その組織防衛の観点から、地域埋没主義性格を意識的に装ったことも含めて、これまでは、民闘連に組織的、恒常的な関わりをしてこなかった[20]」としており、一定の距離感を持っていたことがうかがえる。

ただし、同じ資料では「民闘連には決して参加しない部分とも、一程（ママ）のパイプを結んでいる。そのパイプは、トッカビの民闘連への積極的参加によって切れるものではない。もっとも、それは、参加の形態にも規定されるため、更に慎重は期すべきである（略）現段階で積極的な利益は存在しない。むしろ、組織原則は堅持しながらも、各地の仲間との交流を通じて、トッカビの実践を検証する方がよりメリットになると考えられる」ともしている[21]。

以上からは、トッカビの民闘連への参加は、その運動の一翼を担うといったものではなく、トッカビの実践を各地の実践とで比較検討し、より深化させるものとして検討されたと考えられるだろう。

民闘連全国交流集会の八尾開催と民闘連運動への関与

第5回交流集会をふまえ、翌年の第6回交流集会はトッカビが受けいれ、八尾で開催されている。

この開催受けいれは、「私たちの力量がまだそこまでに及んでいないことを認識しつつもあえて承諾」したものであり、「民闘連集会を八尾で開催する意志を地域の同胞に伝えると「地域の同胞の問題も解決されていないのに外に出ると足元が崩れる」といった意見も少なからず出されました[22]」とされ、肯定的な反応があったものではない。

このような反応は、「6年間の地域に固執したとりくみは、一方で同胞の意識をも地域という狭い枠に閉じ込めてしまった[23]」とあり、これまでの地域に密着した実践の否定面が顕在化したものだったといえる。一方では「一口に言って私たち自身のそれまでの運動のありかたから脱皮をめざしたかった[24]」として、開催を受けいれた意義をトッカビは「全国集会を推進する部隊として活動する中で、我々自身の力量を高める」

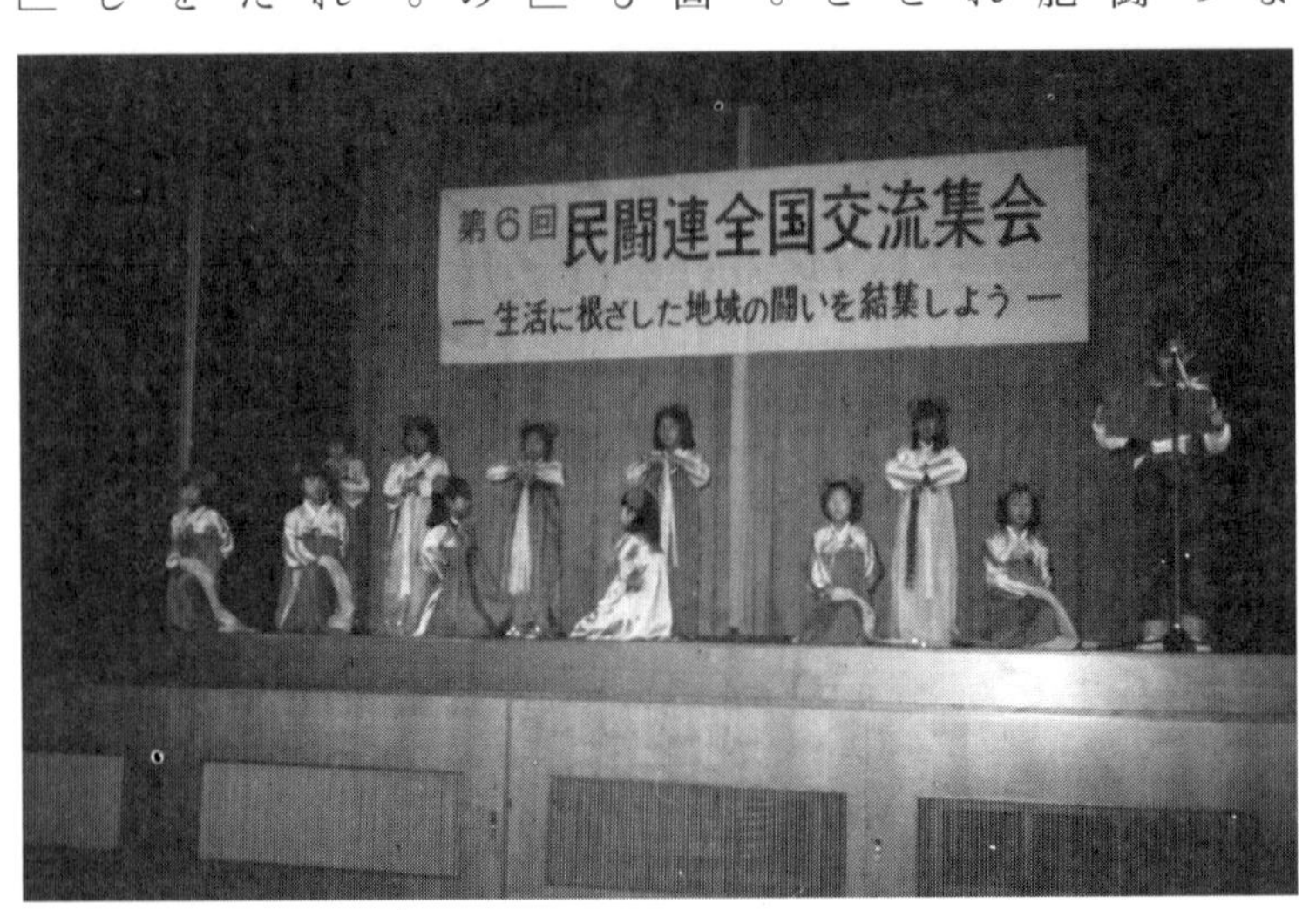

写真3　第6回民闘連全国交流集会でのトッカビ子ども会低学年部の発表（1980年11月1日）
撮影者不明　特定非営利活動法人トッカビ所蔵

「我々が形成してきた『モデル』を具現化する」「八尾での集会を、対八尾市の闘争に継承する」としている。[25]つまり、トッカビによる民闘連集会の受けいれは、先述のとおりにトッカビの実践を拡大、深化させるためのものであった。

第6回研究集会は「生活に根ざした地域の闘いを結集しよう!!」とのテーマで3日間にわたって7つの分科会や民族別交流会などが行われ、「600人という過去にない最大の参加者を結集できた喜びは何ものにも代えがたいものでした。終った後、私たちに残ったものは、やり切ったという実感と、自分たちの任務は、68万人のために働くことであることの確信を一人一人が持ったことでした」[26]とされるものであった。

翌1981年の資料では、この集会の受けいれについて「その量、質においても、また、大阪で成功させたという政治的関りからみても『在日の闘い』の社会的認知を得る第一歩をふみ出した」とある。また、「我々の果した役割」では「主催者（地域受入）として（略）在阪朝鮮人権利運動の中で1つの地固めを形成した。1つの運動の潮流として、登場した」[27]として、全国の実践と比較検討されたトッカビの実践について、それへの自信を深めた様子がうかがえる。

さらに、「第6回集会の成果をより発展させ、大阪（関西）における民闘連運動（あるいは、そのような質の統一運動）をつくりだす（略）尼崎、高槻と連帯して、民闘連とは別に『民族差別と闘う関西集会』をもつ。また、そこでの力量をもって、正しい方向性を民闘連自身にうえつける」ともある。[28]この方針どおり、1981年9月に東大阪市において「広げよう！　地域活動の輪を」を集会テーマに「民族差別とたたかう関西交流集会」が実施され、約400名が参加したとある。[29]

民闘連運動の中核として

以降も、同年11月の第7回全国交流集会では、シンポジウム「いま！　在日同胞はどう生きるか」に当時のトッカビ代表が登壇し[30]、１９８２年の第８回全国交流集会ではトッカビ指導員が「教育基本方針の要求をめぐって」と題した報告を行っている。それ以降も民闘連全国交流集会が１９９１年に「在日韓国・朝鮮人の未来と人権研究集会」へと改編されるまでの間、１９８７年の第13回をのぞいて、教育、国籍条項撤廃闘争などの実践報告をトッカビは毎年行っている[31]。トッカビの実践が在日朝鮮人教育、運動において先駆的であったからこそ毎年の報告が行われていたといえるが、一方では、トッカビの地域における実践を全国各地の実践と交流することで、その交流で得た知見などが地域での実践へと還元されていったとも考えられる。

そして、先の引用の「正しい方向性」とはなにかはさておき、以降、トッカビは民闘連の大阪における中心拠点として運動を展開していくこととなる。その具現が１９８７年に結成された大阪民闘連である。「数々の就職差別と行政の怠慢が明らかになるにつれ、大阪において民族差別と闘うセンターに必要性が切実なものとな」り、「個別に民闘連に参加していた大阪各地の仲間たち（大阪、東大阪、高槻、八尾等）が集い（略）結実した[32]」とされるものである。大阪における民闘連運動の組織的基盤が構築されたのであるが、その事務所は八尾市に置かれ、事務局長には当時のトッカビ代表、事務局員にも当時のトッカビ指導員などが就いた。以降、トッカビは、民闘連の後進の在日コリアン人権協会の分裂[33]までの間、大阪の民闘連運動における屋台骨の一つとして存在し続けた。

4　おわりに

以上、本章では、トッカビの教育のひろがりについて八尾教組との関係から検証し、運動のひろがりについては民闘連との関係から検証してきた。

八尾教組との連帯・共闘では、これによってトッカビの教育実践は八尾市全域へと拡大することが可能となり、「八尾市在日外国人教育基本指針」へと結実した。これにもとづき八尾市における在日外国人教育が現在展開されている。

民闘連への参加によってトッカビは全国各地の実践と交流することができ、そこで得た知見が地域に還元されることとなった。そして、のちには民闘連運動の中核を担い続けた。

本章の検証からいえば、教育と運動のひろがりを求めるにはトッカビだけでは不十分であったことが理解できよう。繰り返しになるが、八尾教組との連帯・共闘と民闘連への参加がトッカビの教育と運動を広範囲のレベルへと拡大させる重要なポイントとなったのである。

脚注

1　トッカビ子ども会（1984）『친구와함께（チングワァハムケ）なかまとともにトッカビ子ども会10周年記念誌』トッカビ子ども会、113頁。

2　八尾市教職員組合（1975）『八尾市教職員組合、1975年度運動方針（案）』、23頁。

3 同資料25頁。

4 八尾市教職員組合（1977）『八尾教育』号外、9-10頁。

5 前掲『八尾市教職員組合、1975年度運動方針（案）』。

6 民族クラブについては第10章を参照のこと。

7 平沼治（1985）「サントッキ子ども会」、全国在日朝鮮人教育研究協議会『第5回全国在日朝鮮人教育研究集会資料』、90-95頁。

8 八尾市に民族教育を保障させる連絡会（1981）「「八尾市に民族教育を保障させる連絡会」（準）結成集会」、特定非営利活動法人トッカビ所蔵資料。

9 同資料。

10 トッカビ保護者会 安中同胞親睦会（1987）「教育長、「検討委員会の設置と、民族教育基本方針策定」を約束！―怒りの抗議行動、教育長を引っぱり出す!!」、特定非営利活動法人トッカビ所蔵資料。

11 同資料。

12 同資料。

13 1970年、日立製作所の入社試験において氏名欄に通称名、住所欄に現住所を記載した在日朝鮮人2世の朴鐘碩青年が合格したにもかかわらず、「嘘をついた」という理由で採用を取り消された。それを不服とし、日立製作所を相手に4年にわたる裁判と法廷外での運動を行い、1974年、横浜地裁は採用取り消しの無効を訴えた原告側の請求を認め、朴鐘碩青年が全面勝訴となった。この裁判は、その後、公務員・教員の国籍条項撤廃運動を発展させる契機になったとされる（国際高麗学会日本支部『在日コリアン辞典』編集委員会（２０１０）『在日コリアン辞典』明石書店、２２７頁、３５４頁、３６９頁。

14　国際高麗学会日本支部『在日コリアン辞典』編集委員会（２０１０）『在日コリアン辞典』明石書店、４１５頁。

15　李仁夏（１９８９）「一つの「法案」を世に問うにあたって」、民族差別と闘う連絡協議会編『在日韓国・朝鮮人の補償・人権法―在日旧植民地出身者に関する戦後補償および人権保障法制定をめざして』新幹社、3-9頁。

16　民族差別と闘う連絡協議会（１９７５）「全国における民闘連の設立状況」、民族差別と闘う連絡協議会『民闘連ニュース』2号、1-2頁。

17　トッカビ子ども会（無記名）（１９７９）「１９７８年度　後記総括方針（案）」、特定非営利活動法人トッカビ所蔵資料。

18　本文の引用のとおり、民闘連は日立就職差別闘争にかかわった人たちを中心に結成されたが、その闘争を支援した「朴君を囲む会」呼びかけ人であり民闘連の初代代表であった李仁夏が在日大韓基督教会総会長をつとめていたことや、引用のとおりに関西民闘連の加盟団体に在日韓国基督教会館があり、また、全国事務局が置かれた在日韓国人問題研究所（RAIK）が在日大韓基督教会付属の研究所であったことなどから、このような警戒感をあらわにしていたと思われる。

19　厳密には別組織であるが、その運動と事務局をトッカビがつとめたことから、序章でのべたとおりにトッカビによる運動としてあつかう。

20 徐正禹（1979）「全体会議討議資料」、特定非営利活動法人トッカビ所蔵資料。

21 同資料。

22 トッカビ子ども会（1984）『친구와함께（チングワァハムケ）なかまとともにトッカビ子ども会10周年記念誌』、51頁。

23 同書。

24 同書。

25 徐正禹（1980）「トッカビ子ども会指導員討議合宿」、特定非営利活動法人トッカビ所蔵資料。

26 前掲『친구와함께（チングワァハムケ）なかまとともにトッカビ子ども会10周年記念誌』51頁。

27 トッカビ子ども会（無記名）（1981）「1981年度　大衆運動方針（案）」、特定非営利活動法人トッカビ所蔵資料。

28 同資料。

29 民族差別と闘う連絡協議会（1981）「第7回民闘連全国交流集会基調報告」、民族差別と闘う連絡協議会『第7回民闘連全国交流集会資料集』、3-11頁。

30 ただし、所属は「八尾いのくら在日韓国・朝鮮人問題部会」となっており、同じ肩書きで「民族教育か国民教育か 問われる在日朝鮮人教育の方向性」と題した報告も行っている（民族差別と闘う連絡協議会（1981）『第7回民闘連全国交流集会資料集』、29-31頁）。

31 トッカビの実践報告とは異なるが、当時のトッカビ代表が「定住外国人に関する基本法」制定をめざして」と題した報告を「大阪民闘連事務局長」の肩書きで行っており、「大阪トッカビ子供会」名義では「高校生交流会」のよびかけ団体となっている（第13回民族差別と闘う連絡協議会全国交流岡山集会実行委員会（1987）『第13回 民闘連全国交流岡山集会 資料集』、25-26頁、107頁）。

32 徐正禹（1987）「結成に至る経過と趣意」、民族差別と闘う大阪連絡協議会『大阪民闘連ニュース』創刊号、3頁。

33 民闘連は組織改編のうえで「在日コリアン人権協会」と「多文化共生フォーラム」に発展改組される予定であったが、1995年に前者が先行して発足し、後者は発足しないままであった。前者の発足時、トッカビとならんで民闘連を構成する中心組織であった神奈川民闘連や高槻むくげの会は参加せず、のちに在日コリアン人権協会が運営方針をめぐって再分裂した際にトッカビも離脱した。なお、民闘連、在日コリアン人権協会の分裂については加藤恵美（2022）「在日コリアンをめぐる歴史問題と和解―『民族差別と闘う連絡協議会』の運動と『在日旧植民地出身者に関する戦後補償及び人権保障法草案』の検討」、外村大編『和解をめぐる市民運動の取り組み―その意義と課題』明石書店、169-197頁を参照のこと。

第7章　教育と運動の転換期
――1990年代末から2000年代初頭にかけて

鄭栄鎭

1　はじめに

本章であつかうのは1990年代末から2000年代初頭である。1990年代末、トッカビはそれまで在日朝鮮人を対象としてきたその活動をいわゆる「ニューカマー」へと拡大している。他方、2000年代はじめは組織内の教育と運動という二つの機能を整理し、活動拠点であったプレハブからの移転とNPO法人化へと舵を切った時期でもある。つまり、1990年代末から2000年代初頭は、1974年から続いてきたそれまでの在日朝鮮人を対象としてきた教育と運動の転換がはかられた時期であったといえる。

本章では、これら教育と運動の転換について焦点をあて、それがどのような要因にもとづくものだったのかを検証していく。まずは対象の拡大についてその経緯を検証する。ついで、NPO法人化に至るまでの経緯について検証をすすめる。

2　ニューカマーへの拡大

八尾市には、そのほぼ中央部から南部にかけての三地域に炭鉱離職者の就労支援のために建築された雇用促進住宅がある。うち高美南小学校区内の住宅は耐震性の不備のために取り壊されたが、二箇所は現存している。

ベトナム戦争終結後、いわゆる「ボートピープル」として日本に来たベトナムからの難民が定住促進センターで一定の適応訓練をうけたのち、同住宅に入居を斡旋されたときく。以降、ODP[1]での親族呼び寄せなどもあり、雇用促進住宅を校区内に有していた高美南小学校区にはベトナム人が増加した。

学校現場での取り組み

その最初期、高美南小学校でベトナム人の子どもの担任となった教員によれば、同校にベトナム人の子どもが最初に入学してきたのは1986年頃である。「Gはボートピープルとして、当時20歳過ぎぐらいの自分の兄と、いとこ(男)とで日本に来て、その3人で同居していました。Gは6年でしたが、私が担任した時は実年齢が1、2歳は上だったはずです。戸籍やパスポートがある訳ではなく、本人に聞いてもあやふやだったので、おおよその年齢は姫路の難民センターに入った時の調書を元にしていました」というような状況での転入学であった[2]。

八尾市におけるニューカマーの子どもたちへの支援は、まずは学校現場が先行して日本語指導と学習支援を主として取り組んでいった。

八尾教組の1986年度の定期大会議案には八尾中学校夜間学級に「近年、中国帰国者やベトナム難民の入学者も増えており」とあり、[3]『やお市政だより』1986年5月20日号には「2小学校で放課後の『日本語教室』がスタートしました。これは中国からの帰国児童への特別言語指導で、ベトナムからの子どもたちについても検討が行われています」とある。[4]その当時ではニューカマーの子どもたちの多くが渡日間もない第一世代であり、その子たちにまず求められていた支援が日本語指導であったことがうかがえる。

1989年の八尾教組定期大会議案には「中国・ベトナム加配要求運動」の項目がある。「日本語を全く解せないまま編入されてくるケースが多く、各校でのたいへんな取り組みにもかかわらず、十分な教育保障・進路保障ができないでいます」とあり、[5]各学校現場で手探りのなか日本語指導や学習支援の実践に取り組んでいった様子がみられる。

トッカビのニューカマーへのかかわり

トッカビによるニューカマーへの最初のアプローチは、ベトナム人親子を対象とした1994年実施の「国際交流親子の集い」(親子の集い)である。八尾教組とともに取り組まれたこのイベントの案内には、「八尾市にはいろんな国の人が生活しています。その中にはみなさん方と同じベトナムの人たちもたくさんいます。そして、大阪の中で八尾市に一番たくさんのベトナムの人たちが住んでいるのです（略）子どもから、青年、保護者まで、八尾市に住むすべてのベトナムの人に参加していただいて（略）ベトナムの人たち同士のつながりとなり、いろんな国の人たちとのこれからの長いつながりの第一歩となれば、こんな素敵なことはありません」とあり、ベトナム語訳版も作成されている。[6]

2回目以降、この親子の集いは対象をベトナム人以外にもひろげ、2003年度（第11回）まで実施された。この取り組みによってトッカビはベトナム人などのニューカマーの子ども、保護者との接点を有する機会を得ることとなった。

親子の集いは一日限りの単発イベントであり、第1回の実施以降、そこで得たニューカマーとの接点をもとにして、それら子どもを対象とした日常的な子ども会活動が模索されることとなる。1995年度末にまずはベトナム人の子どもを対象とした春休み活動が実施され、その実績をもとにベトナム人対象の子ども会活動が週1回放課後に高美南小学校との合同運営で実施されるようになった。「学校外でベトナム人児童が集える場を保障する。子どもたちがベトナム人であることを肯定的に捉えることのできる集団づくり。子どもたちの基礎学力づくり[7]」がその目的であった。[8]

ニューカマーの子どもを対象とした学校での取り組みは日本語指導が主であるが、学校では教科を学習することが第一義であるため、それらを学ぶためにもまずは日本語指導が主とならざるを得ない。しかしながら、トッカビの取り組みは学校とは異なり、子どもたちのピアグループづくりやセルフエスティームの醸成、エンパワーをねらいとしたものであったことが上記の引用からは理解できる。それはこれまで在日朝鮮人の子どもを対象として取り組んできた実践やそのねらいをそのままニューカマーの子どもへとひろげようとするものであったが、学校とは異なる地域での活動だったたからこそ取り組めたものでもあった。

ただし、ねらいはそうであったとしても、既存の日常の子ども会活動の対象が拡大されたのではなく、在日朝鮮人の活動、ニューカマーの活動は、それぞれ別途の活動として実施されていった。後述するが、既存の活動をニューカマーの子どもへと拡大するのは1999年となる。

もっとも、当初はプレハブで行っていたこの子ども会活動は子どもたちの集まりやすさを考慮して高美南小学校に場所をうつすこととなり、1997年度からは学校の教育課程外の民族クラブとして位置づけられ、学校の責任によって運営がなされることになった。民族クラブとして位置づけられて以降も、トッカビのスタッフが学校教員とともに運営と指導にあたっていた。現在は学校教員のみで運営され、「マンノンクラブ」の名で活動が行われている。

1996年には「ベトナム人児童・生徒のためのサマースクール」が開催され、翌年には中国人へと対象が拡大されて開催された。1999年度からは「オリニマダン」と並行開催されるようになったが、これは第10章で後述する。

日常活動の対象拡大

既存の活動をニューカマーへと拡大したのは1999年になる。それまで在日朝鮮人の子どものみを対象としていた活動であるが、この年よりまずは小学校1年生から3年生までの低学年部のみニューカマーへと拡大され、2000年度からはすべての活動が拡大されている。

そもそも既存の活動の対象にニューカマーを加えなかったのは、「コリアンが抱える課題と、ベトナム人など新たな渡日児童・生徒が抱える課題が、基本的に異なるということで、別々に活動すべき、別々にしかできないというスタンスがあ」ったからである[9]。

ここでいう在日朝鮮人とニューカマーの各々の課題が異なるとの理解は、日本への来歴の違いや当時のニューカマーの中心が第一世代によって占められていたこと、第一言語の違いなどによって至っている。第2章でみたような、同じマイノリティであったとしても部落解放運動と在日朝鮮人の課題が異なることへの理解と同様なものである。

それを「新たな渡日児童・生徒と在日コリアンを在日外国人という枠でとらえ、日本社会で在日外国人としてどう生きていくか考えながら、それぞれの子どもたちが自分のルーツについて受け容れるような活動を展開していく方向[10]」となり、対象を拡大したのである。

「『日本の名前で呼んでな』トッカビの活動に参加している、ある新たな渡日の子どもの言葉です。在日韓国・朝鮮人の子どもたちがそうであったように、その子どもたちがもっているゆたかなルーツをうち消してしまう社会が存在します（略）そんな在日外国人の子どもたちが自分のルーツを否定して欲しくないという願いのもと[11]」からの拡大であったが、つまり、在日朝鮮人、ニューカマーとでは各々の課題は異なるものの両者とも日本社会で生きる「在日外国人」であり、「在日外国人」であるがゆえの課題を抱えるものどうしであるとして、両者を同一の視角から捉えることへとあらたな舵を切ったのである。

もちろん、その拡大に不安がなかったわけではない。「在日三世、四世のコリアンの子どもたちと、在日一世、あるいは二世と言っても、一世の保護者の影響を受けていたり、中国やベトナムへ行ったり、来たりしている子どもたち。また、韓国・朝鮮語をまったく話せない子どもと、中国、ベトナム語を話し、話せないとしても聞くことができる子どもたち。そういった子どもたちを一緒にして活動がうまくいくのかという悩みもありました[12]」というなかでの拡大であった。

しかしながら、「私たちが想像する以上に、いわゆるオールドカマーの子どもたちと、ニューカマーの子どもたちが一緒に活動することの成果があらわれている[13]」というものへとつながった。「在日韓国・朝鮮人の子どもたちは新たな渡日の子どもたちが加わったことをきっかけに、それぞれの違いを当たり前のこととして捉えはじめています。このことは、在日韓国・朝鮮人も新たな渡日の子どもも自分たちのルーツへの気づきと自信につながっています[14]」とあり、さらには「これまでコリアンの子どもたちは、『日本人』との関係性の中で、自分のルーツをとらえ直すことが主であったと思います。しかし現在、在日三世、四世、あるいはダブルの子どもたちにとって、『日本人』とは違うということを、無理矢理に意識づけることは難しくなっています。そういった中で、中国、ベトナムなどの子どもと一緒になって自分のルーツにかかわることや、活動にとりくむことによって、コリアンの子どもたちは、韓国・朝鮮語で名前の読み方や書き方を聞いてきたり、自分たちのルーツをより積極的に見いだそうとする姿がみられるようになりました[15]」ともいう。

つまり、ニューカマーの子どもたちと在日朝鮮人の子どもたちとが一緒に活動を行うことで、多くが日本うまれの四世であり「外国人」性が漂白されていた在日朝鮮人の子どもにとって、遠いものであったみずからの民族やルーツといったものを身近なものとしてあらためて捉え直す機会につながったのである。

さらにいえば、在日朝鮮人の子どもしか参加できないトッカビに参加する子どもたちからすれば、「日本人」が大多数のなか、まずは「日本人」という存在があり、それと対比される異なる在日朝鮮人である、あるいは朝鮮半島にルーツがある自己が存在するという二項対立的な捉え方が支配的であったと思われる。トッカビの在日朝鮮人を対象とした実践も対象を限定かつ固定していたことからも、それに加担していたのは否めない。それが、ニューカマーの子どもたちとともに活動することによって、在日朝鮮人、朝鮮半島にルーツのある自己を日本社会に存在する多様な国籍、民族、ルーツのなかのひとつの存在であるという捉え方へと変容したのではないだろうか。だからこそ、ニューカマーの子どもとのかかわりから在日朝鮮人の子どもたちが自己のルーツを積極的にみいだそうとする姿をあらわすことになったと考えられる。

いずれにしろ、先の引用からいえば、在日朝鮮人の子どもたちとニューカマーの子どもたちとの出会いは、在日朝鮮人の子どもたちがみずからのルーツをあらためてみつめ直す機会をうみだす成果を得たのである。

3　組織機能の整理とＮＰＯ法人へと至るまで

ついで、1990年代末から模索され、2002年9月に大阪府より認証されたことでトッカビはＮＰＯ法人として再スタートした。その経緯と要因などをみていこう。

これまでのべてきたとおり、トッカビには子ども会などの教育事業と権利獲得運動の二つの機能がある。子ども会という教育事業で認知された在日朝鮮人の課題を運動によって解消、解決しようとするものであり、両者は在日朝鮮人への差別撤廃と社会的地位向上をはかるための両輪であった。教育や運動の成果はトッカビに参加する子どもや保護者のみに還元されたものもあれば、国籍条項の撤廃のようにすべての在日朝鮮人におよんだものもある。

同和施策への位置づけ

トッカビの運動の成果の一つが、1981年の「安中青少年会館分室」への行政的位置づけの獲得である。この措置によってトッカビは活動予算と簡易なプレハブづくりであるが活動拠点を獲得し、スタッフも非正規雇用ながらも行政職員となった。

ただし、この位置づけは「私たちは、あくまでも民族教育として、独自の位置づけを要求してきたのですが、市が基本方針をもたない状況下で、予算をもともなう位置づけは困難であると判断しました。そこで『当面の措置』として社会同和教育の一環で安中青少年会館の分室として位置づけられ[16]」たものであってそこが最終地点ではなく、いわば通過点であった。

もっとも、「位置づけは同和予算の枠内に抑え込まれてはいるものの、朝鮮人の教育活動のための施設を市行政が建設したことの意義は大き[17]」いというものであり、このプレハブを拠点として毎日の日常子ども会活動や第6章でふれた「八尾市に住む韓国・朝鮮人児童・生徒のためのサマースクール」、「フェスティバル韓国・朝鮮の歌とおどり」などが八尾教組とともに展開されていくこととなる。

座り込み闘争の成果と四半世紀の活動の総括

行政保障の獲得が事業の安定化と拡大に資するものであったのはたしかである。しかしながら他方ではデメリットもあった。行政保障とはいわば行政の傘下に入ることであり、当然ながらそれにともなうさまざまな拘束が生じる。「青少年会館」に位置づいたゆえに成人むけの活動が行いにくいこともあれば、行政事業であるがゆえに八尾市との対等な関係になりづらいというデメリットも生じてきた。それが顕在化したのが１９９０年代後半である。

　１９９５年、トッカビが求めてきた「独自の位置づけ」が進展しないなか、安中青少年会館横での公立福祉施設建設計画があきらかになった。その予定地内にトッカビのプレハブ所在地も含まれていたが移転先がさだかでないため、トッカビは移転をもとめて11月27日から12月1日までの５日

写真１　八尾市役所本館前での移転をもとめた座り込み闘争（1995年11月28日）
撮影者不明　特定非営利活動法人トッカビ所蔵

間にわたり、寒空の下、八尾市役所前で座り込み闘争を行った。その結果、八尾市長は「A 国際化の進展にあわせ、国際理解教育については、早急に一般施策に移行すること。B 多文化教育のセンター的役割を果たしてきたことの意義を認識し、継続・発展させる措置をとる」の2点を確約した[18]。これによって教育機能の同和施策から一般施策への移行と、その継続発展措置が市の責任によって行われることとなった。これが具現化されたのが2002年である（第10章で後述）。

座り込み闘争によって教育事業の継続が八尾市長により確約されたが、一方では、先にあるような行政の傘下に入ることでのデメリットも生じており、トッカビとしても確約された教育事業の一般施策化をめざしつつ、行政の傘下に入ることのデメリットをみきわめる必要があった。また、一般施策として「国際理解教育事業」を展開するにあたってそれまで混在していた教育と運動の分離を行政より求められたが、それはトッカビのそれまでの四半世紀におよぶ教育と運動の成果を総括する機会でもあった。

次の引用からは、その総括とそれにともなう以降の方向性を垣間見ることができる。長くなるがみていこう。

25年以上に及ぶトッカビ子ども会の活動は、在日として生きることのできる社会環境を整えるために、国籍条項等、制度的差別の撤廃や在日韓国・朝鮮人教育を学校教育の中で位置づけるよう、指針の策定を求めるといった活動に取り組んできました。一方、そういった課題を通じて、子ども、青年、保護者の立ち上がりが生まれ、本名で生きようとする子どもが出てきたり、在日として誇りをもって生きていく青年、保護者の輪がひろがることにつながっていったのです（略）国籍条項など制度的差別にメスを入れ、大きな成果を得てきたその背景には、子ども、青年、保護者の在日としての立ち上がりという多くの人の力があったのです。そういった意味では、トッカビ子ども会の取り組みは、民族的ルーツを持つ人たちが、自分たちがもつ社会的背景を肯定的に受け容れられる社会を築き上げるための〝人づくり〟そのものだったといえるのではないでしょうか。そのことを、私たちの活動理念として言葉で表現するならば、現在の新たな渡日の状況も含めて、「民族的ルーツを背景に持つ人たちの人づくり」という言葉に収斂されます[19]。

このような四半世紀の活動の総括に加え、「トッカビ子ども会は、その事業を行政事業に発展させたことを、4半世紀に及ぶ活動の中の最大の成果と位置づけ、その事業の枠内では担い切れない、活動をあらためて継続、そして発展させる活動を展開する[20]」とするような方向性を持って教育と運動の分離が行われることになったのである。

もっとも、ここでの総括は「運動」の捉え方の変容をも含んでいたと考えられる。それまでのトッカビの「運動」とは、在日朝鮮人が在日朝鮮人として生きることのできない社会への異議申し立てを集団化や抗議といった直接行動をともなったのがそのスタイルの柱であり、それによって実際に国籍条項が撤廃され、市の施策に在日外国人教育が位置づくなどして八尾市行政は変容した。その功績がきわめて大きいのはあきらかである。

しかし一方では、八尾市職員採用試験の国籍条項撤廃運動時に「2千7百人の八尾市の公務員のうち外国人が半数をしめたらどうなるのか」「外国人は住民のうちにはいらない[21]」と市職員が発したとされるような時代から、「八尾市の国際化についての取り組みは、従来から行政、市民運動、外国人コミュニティの連携によって、先進的自治体としての評価を得てきました（略）国民体育大会、郵便外務職の門戸開放も八尾の地から始められました（略）これらの成果は、八尾市が日本全国に情報発信してきた誇りある八尾市民共有の財産といえます[22]」と行政がのべるような時代へと変容していた。

すなわち、トッカビをはじめとした在日朝鮮人の運動などによって、「外国人」を捉える日本社会の視点そのものがあきらかに変容していたのである。トッカビにとってもそれまでの運動のスタイルと併走しつつ、あらたな運動スタイルを模索する時期であったといえよう。

そのあらたな運動の中心軸となったのが「民族的ルーツを背景に持つ人たちの人づくり[23]」だといえるが、先の引用をふまえて考えると、それは民族的ルーツをもつ人びとがそのルーツを肯定的に受けいれられる社会を築くためにうたったものであり、つまり、トッカビ最初期の「子供たちに民族のほこりと自覚をあたえよう！[24]」を時代の変化とともに再構成したものであって、その内実はかわっていない。

しかしながら、時代の変化と運動によって導き出された状況を把握して再認知することで、運動を集団化や抗議活動といった捉え方だけにとどまらず、社会関係をとりむすぶ人どうしのあり方や、人そのものの変容をうながす道筋を変容する地道な作業へと再構成したのである。この「運動」のあらたな捉え方からトッカビは21世紀以降の活動を展開していくこととなる。

組織運営体制の整備とNPO法人化

２００２年、教育事業は八尾市教育委員会に引き継がれ（第10章）、同時に「市民グループとしての性格をより強めたトッカビ子ども会を残し、異文化ルーツの人とたちのニーズに応え、共生のために必要とされる取り組みを進め[25]」るべく、トッカビは再スタートすることとなる。

その際、「民族的ルーツを持つ人たちのニーズに応え、共生のために必要とされる取り組みを進めていかなければなりません。そのためには、多くの人たちの参加と力が必要です[26]」として、スタッフや役員の一存で組織の方向性を定めるのではなく、「よりオープンで様々な人材が参加しやすい運営の組織作りが求められます。そのことによって、活動を継続させる基盤の整備と、私たちの理念に基づく活動に対する責任性を明確にしていくようなシステムが必要[27]」だとして、それまで任意団体であった組織形態からＮＰＯ法人化による開かれた、かつ責任を持った組織形態での再スタートが模索されていくこととなる。

というのも、トッカビの第１回の総会が行われたのは１９８１年であるが、そこで「保護者会の中で、トッカビ子ども会のえんかつな運営のために、趣意・規約をつくろうという声があがり」、規約をおくことが確認されている[28]。にもかかわらず、その後それが策定されることがないまま月日が過ぎていた。20年近くの間、組織運営の根本的規則がないままであり、その間、恣意的な組織運営が行われていた可能性は否めない。

そのような組織運営の是正をはかるためまずは２００１年に規約が制定され、任意団体といえども組織運営の根拠が明文化されている。その後、「よりオープンで様々な人材が参加しやすい運営の組織作り」のため、すなわち、一部スタッフによる恣意的、独善的な事業体制や組織運営をみとめるのではなく、さまざまな人びとが参加でき、ともに責任をもってあらたに歩んでいくためにＮＰＯ法人化がめざされたのである。

２００２年9月18日、大阪府より特定非営利活動法人として認可を受け、同27日に設立登記をすませ、トッカビはＮＰＯ法人として再スタートしたが、それは誰にもひらかれたオープンかつ責任を持った組織としての再スタートであった。

以降、トッカビは後述するルーツ語教室や相談事業を実施していく。これらは対象を限定することもあって、いずれもその当時の行政では即実施しづらい事業であったが、トッカビは行政傘下でないからこそその機動的な動きによってこれらに取り組み、「地域の異文化ルーツの人たちへのサポートＮＰＯとしての性格をより強め[29]」、現在へと至っている。

4　おわりに

本章では１９９０年代末から２０００年代初頭にフォーカスし、まずは同時期におけるトッカビの活動が在日朝鮮人からニューカマーへと拡大した経緯を検証した。

繰り返しになるが、ニューカマーの子どもへの学校における教育は日本語学習が主に取り組まれていたが、トッカビは在日朝鮮人の子どもを対象とした実践のねらいをそのままニューカマーの子どもにスライドさせて対象を拡大し、取り組もうとした。すなわち、在日朝鮮人教育の実践の礎のもとでそれをニューカマーへ継承しようとするものであったといえよう。さらに、それら活動によるニューカマーの子どもたちと在日朝鮮人の子どもたちの出会いは、在日朝鮮人の子どもたちがみずからのルーツをあらためてみつめ直す成果が生じた。

ついで、任意団体からNPO法人へと移行する経緯についても検証した。教育事業の一般施策化によってそれまでの教育と運動の機能の分離がはかられ、「運動」の捉え方を再構成するとともにトッカビはNPO法人化をはたし、「地域の異文化ルーツの人たちへのサポートNPOとしての性格をより強め[30]」ていくこととなった。

本章が取りあげた1990年代末から2000年代初頭は、教育と運動の質的転換が行われたトッカビの激動期であったといえよう。この転換期を乗り越え、現在のトッカビへと至っている。

脚注

1 Orderly Departure Program「合法的出国」の略で、いわゆる「呼び寄せ計画」。1979年5月30日に、国連難民高等弁務官事務所とベトナム政府との間で「合法出国計画に関する了解覚書」が取り決められ、この覚書にもとづき1980年6月17日付閣議了解にてベトナムからの家族呼び寄せが定められた。2003年3月14日付閣議了解「インドシナ難民対策について」によって同年度末をもって終了となった（公益財団法人アジア福祉教育財団難民事業本部ホームページ「ODP申請受付の終了について（お知らせ）」、https://www.rhq.gr.jp/odp 申請受付の終了について（お知らせ）／（2023年5

月17日アクセス）。

2　都市におけるエスニックコミュニティの地域資源を活かしたまちづくりに関する研究プロジェクト（2016）「八尾市公立小学校におけるインドシナ難民の子どもの最初期の受けいれ時対応と様子について」『都市におけるエスニックコミュニティの地域資源を活かしたまちづくりにかんする研究』11頁、大阪市立大学都市研究プラザ「先端的都市研究拠点」共同研究成果報告書。

3　八尾市教職員組合（1986）『八尾教育』号外、20頁。

4　大阪府八尾市役所（1986）『やお市政だより』793号、2頁、1986年5月20日。

5　八尾市教職員組合（1989）『八尾教育』号外、45頁。

6　「国際交流親子の集い」実行委員会（1994）「「国際交流親子の集い」のご案内」、特定非営利活動法人トッカビ所蔵資料。

7　孫弘樹・鄭栄鎮（1996）「ベトナム人児童の春休み活動にむけて トッカビ子ども会指導員会議」、特定非営利活動法人トッカビ所蔵資料。

8　当時その担当であった筆者の述懐になるが、親子の集いでの子どもの写真を持参し、学校教員の協力を得ながら幾度か家庭訪問を繰り返し、子どもの写真を見せつつ、まずはトッカビの存在とスタッフの顔を覚えてもらうようにつとめるなどした。

9　トッカビ子ども会（無記名）（1999）「トッカビ子ども会における新たな渡日児童・生徒へのこれまでの関わりについて」、特定非営利活動法人トッカビ所蔵資料。

10　同資料。

11 トッカビ子ども会（2001a）『2001年度トッカビ子ども会活動意見交流会』、特定非営利活動法人トッカビ所蔵資料、3頁。

12 朴洋幸（2003）「『民族の誇りをもって生きる』から『人としてありのままに生きる』へ」、全国在日外国人教育研究協議会『これからの在日外国人教育 2003』全国在日外国人教育研究協議会、34-38頁。

13 同書。

14 前掲『2001年度トッカビ子ども会活動意見交流会』。

15 前掲「『民族の誇りをもって生きる』から『人としてありのままに生きる』へ」。

16 トッカビ子ども会（1984）『친구와함께（チングワァハムケ）なかまとともに トッカビ子ども会10周年記念誌』、54頁。

17 同書。

18 トッカビ子ども会（2001b）『トッカビ子ども会総会討議資料』、特定非営利活動法人トッカビ所蔵資料、18頁。

19 同資料20頁。

20 トッカビ子ども会（無記名）（2002）「分室事業移転に伴うトッカビ子ども会の役割について」、特定非営利活動法人トッカビ所蔵資料。

21 安中支部差別国籍条項撤廃闘争委員会（1979）「願書も受け取らぬ八尾市！ 4時間にもわたる交渉で、前向きの検討と交渉継続を確約させる！」、特定非営利活動法人トッカビ所蔵資料。

22 八尾市人権文化部人権国際課（２００３）『八尾市国際化施策推進基本指針』、４頁。
23 前掲『トッカビ子ども会総会討議資料』、19頁。
24 しんぼく会「トッカビ」（１９７４）『トッカビニュース№１』、特定非営利活動法人トッカビ所蔵資料。
25 前掲『２００１年度トッカビ子ども会活動意見交流会』、18頁。
26 前掲「トッカビ子ども会総会討議資料」、20頁。
27 同資料19頁。
28 トッカビ子ども会（１９８１）「トッカビ子ども会第一回総会 議案書」、特定非営利活動法人トッカビ所蔵資料。
29 トッカビ子ども会（２００３）「２００３年度定時総会議案書」、特定非営利活動法人トッカビ所蔵資料、２頁。
30 同資料。

第8章　トッカビ子ども会での経験をめぐって

金純嬉・金静子・金富健
陳伊佐（司会）

本章では、トッカビ卒業生の経験からトッカビの活動をふりかえっていく。本章で登場する司会以外の3人は1970年代後半に小学校に入学し、1980年代末に義務教育課程を終えている。その過程中、トッカビでは八尾市職員採用試験の国籍条項撤廃闘争、郵政外務職国籍条項撤廃、指紋押捺拒否闘争などがあったが、すなわち、トッカビの運動、あるいは在日朝鮮人の運動がもっとも高揚したといえる時期に3人はトッカビで多くの経験を積んできた。

語りにもみられるが、3人とも小学校から青年部までトッカビにかかわってきた。しかしながら、その経験と語りがトッカビに参加した子どもたちすべて、あるいは在日朝鮮人の子どもたちすべてに一般化できるものではないことに留意したい。

陳伊佐（司会）　私が大学卒業後、トッカビ子ども会指導員に就職して担当したのが中学生部会で、ここに登場する3人がその時、中学3年生でした。この3人を含むその時の中学生部会の取り組みや闘いに私は大きな影響を受けて、たくさんの力をもらいました。その3人と一緒に当時をふりかえることができて嬉しいと思います。

金純嬉　私がトッカビにかかわったのは、小学1年生の頃から青年部に至るくらいまでです。小学校に入学する直前、家に大人たちが来られて私の両親と話していた記憶があり、それがトッカビの指導員のトッカビに来ませんかという誘いかけだったと思います。当時、私と静子さんは家が隣どうしだったので、近所の子たちも行くから行ってみたいな感じで参加したように覚えています。

金静子　私も小学1年生から青年部までトッカビの活動に参加していました。1年生の時、トッカビがあるよ、楽しいところがあるよと親からすすめられて通い出しました。純嬉さんもですが、近所にたくさん在日の子がいました。保育所の時からずっと友だちだった子が、あの

写真1　プレハブでの活動の様子（1979年頃）
撮影者不明　特定非営利活動法人トッカビ所蔵資料

子もそう、この子もそうって感じでみんなが行くから行ってみない？　というのもありました。在日がどうとかいうのは小学1年生だから全然わからなくて、楽しいことが先行していました。

金富健　僕も2人と同じ頃ですが、トッカビ指導員が学校の先生と一緒に家に誘いに来て、それをきっかけに行くようになりました。3人きょうだいですが、行く時はきょうだい一緒だと行くようになりました。夜、外出できることや、活動といっても多くは鬼ごっこでしたが、楽しく行っていた記憶があります。

陳伊佐　静子さんと純嬉さんは高美南小で、富健さんは1人安中小でした。その頃の活動場所は安中解放会館横の2階建てプレハブで、小学生でも夜の週3回ぐらいの活動でした。低学年が毎日活動になったのは、青少年会館横のプレハブに移転してからです。その時や、中学高校と続いて、楽しかった活動や思い出、正直にいうと嫌だったなという活動はありますか？

金純嬉　楽しかった活動はやはり遊びが中心ですね。いまでも子どもたちはしているでしょうか？外遊びではSケンを、屋内では料理教室をけっこうやった記憶があります。余談ですが、私のこの「キムスニ」という名前をはじめて教えてもらったのはトッカビ指導員からで、小学1年生にあがった時です。いまなら笑い話になるでしょうが、ハングルはパッチムを隣の文字にくっつけるという作業を発音上しなければいけないのですが、私の名前は一文字ずつ読むと「スン」「ヒ」になります。それが、スンのン、nが隣のヒのhの発音とくっついて「スニ」になるのが、当時のトッカビ指導員もハングルを習っている最中だったのか、最初に教えられたのは「スンヒ」という名前で、途中から「スニ」や、と変更されました（笑）。トッカビそのものが大人も子どもも含めて手探りで、ワチャワチャしながらやっていたような状態でした。

金静子　みんなと一緒に公園で遊んだり、集団遊びしたりとなんら普通の小学校とか保育園とかわらないことを経験したのも楽しかったです。韓国語で物の名前、あいさつや歌を教えてもらったのですが、純嬉さんの名前のことしかり、ほんとにあっていたのかなって大人になって思うことがたくさんあります（笑）。トッカビではじめに聞いた言葉っていうのは、なかなかすぐにはかえることができないのですが、名前の読みはそんな事象がほかにもあったように少し記憶しています。

金富健　お昼の活動になってからは学校が終わって友だちと遊ぶのに夢中で、なかなか参加することができず、夏休みや冬休みには参加していたのですが、そのなかでは料理教室やキャンプが好きで、特に中学生以降は楽しかったという思い出があります。ちなみに僕のプゴンという名前のハングルも当時「ゴン」のところが間違っていて、途中で訂正されたということがありました（笑）。

金純嬉　私はとにかくキャンプが嫌で嫌で仕方なかったです。小学1年生の子が親元を離れて2泊3日のキャンプに連れて行かれるって、いま考えれば私たちの頃はすごいこととしていたのだなと思います。地域の子どもやお兄ちゃんお姉ちゃんも一緒に行くのですが、それも少し嫌だなという感じでした。

金静子　私もキャンプはそこそこ嫌でした。人見知りだったのもありますが、長期休みにあるオリニマダンのような他校の小学生や中学生が集まる行事もとても嫌で、なんで行かなあかんねんやろって思いながらも休むという選択肢がまったくなく、オリニマダンもキャンプもなにもかも参加するのがあたりまえという時代でした。大人になって、あーみんな嫌だったんだな、ということに気づきました（笑）。

金富健　僕はキャンプは好きでしたが、発表会的なものが嫌でした。２人と違って安中小学校、成法中学校に通っていましたが、オリニマダンは安中地域ではなく市の中心部の成法中学校区でやっていて、その時は本名を使っていなかったので、同級生にバレないかなというのもあってものすごく気をつかいました。

陳伊佐　昔のキャンプは、小学生から高校生、青年部まで行く夏の統一サマーキャンプがあり、中学生部会だけで行くキャンプもありました。三食とも飯盒炊さんで、指導員は子どもたちに朝食べさせて片付けが終わると次は昼の準備、それが終われば晩の準備と、ご飯づくりに行っているのかと思うくらい過酷なキャンプで、もちろんキャンプなので風呂にも入れずで、私も指導員としてキャンプが一番嫌でした（笑）。では、活動に参加するなかで、それぞれ日本人とは違う存在だと強く感

写真２　サマーキャンプ（1982 年 8 月）
撮影者不明、特定非営利活動法人トッカビ所蔵

じるようなことはありましたか？

金純嬉　トッカビに参加していて日本人と違うと思ったことは正直あまりありません。日本人だからとか韓国人だからとか、あまり意識せずに小学校、中学校くらいまでは普通に生活していたように思います。

金静子　私もトッカビに通っている時に、特にそういう思いを強く感じることはなかったです。むしろ短大に進学した時、いつも地域でいろいろと学んだことを、地域外の友だちから情報として聞いたりするのはすごく新鮮だなと思ったことはあります。

金富健　僕は通名で小学校に通っていて、トッカビに来るとプゴン、地元では通称名で生活をしていましたが、それが嫌というのはあまりなく、嫌だと思うのはそれがバレそうな時でした。夏休みになると、家の前で「プゴン、トッカビ行こう」と無神経に誘いに来るのですよね（笑）。慌てて出ていくというか、ちょっと恥ずかしいというようにその時感じてしまったのですが、そういう意味では、違う存在というように感じていたのでしょうね。

陳伊佐　静子さんと純嬉さんは小学2年生の時に本名宣言したそうですが、当時は何人もの子どもが高美南小学校で次々と本名宣言していました。その時のことを覚えていますか。

金純嬉　正直あまり覚えていません。なにがきっかけで本名宣言したのかも記憶が定かではなくて、とにかくその当時、私も含めまわりが次々と学校で本名宣言をしていったという感じです。その背景には、当時の子どもの私では知らなかったいろいろな社会情勢なり地域の事情なり学校の事情なりがあったのだろうなとは想像します。

金静子　自分の意志がなにもないなかであまり記憶もないのですが、学校の先生や親、トッカビ指導員たちが、いろいろ多くの話をしてすごく押されたというのでしょうか。クラスで2人同時に本名宣言をやったのですが、「明日からキムチョンヂャという名前になります」と担任の先生が黒板に名前を書いて、終わった瞬間、連絡帳に名前書いてって芸能人のように列をつくるくらいに並ばれ、次の日に日本人の友だちが、家で母親に明日から呼ばなければいけないとの話をしたとの話をしに来てくれたことを覚えています。

金富健　僕は中学校の卒業式前にしたのですが、かなり悩みましたね。それまで生きてきた人生のなかで一番悩んだと思います。仲のよい友だちの多くは雰囲気的に僕を韓国人、朝鮮人だとわかっていたとは思うのですが、それでも本名宣言して本名で生きるということは、ものすごく重圧がありました。家では本名宣言闘争みたいなものもありました。兄が高校入学時に本名で行きはじめて、その時は姉が中3、僕が中1でしたが、頼むから姉はするなよと思いながらも姉も本名で高校に入りました。それを昔からの友だちはみんな知っていたようで、高校に行けば宣言する、するから、と中学の先生にいったこともありました。当時、高美中で指紋押捺拒否などいろいろな取り組みがあり、中学の違う僕もトッカビでの話し合いに参加することがありました。僕は中学が違っているので「あなたはあなたでやることがある」とトッカビの指導員や当時のクラス担任からもいわれ、最後、きょうだいで僕が一人になって押しに負けてしまい、自分もすることになりました。しかし考えると、なにか悪いことをしたわけでもなく、開き直りというか、そういう大変貴重な経験をしたと思っています。それによってなにがかわるのかといえばなにもかわらないのですが、あまり嫌われるようなことをしてはいけない、逆にいえば、好かれるようにがんばっていかなければという妙なプレッシャーがあったように覚えています。

陳伊佐　3人が中学生の頃、指紋押捺義務を撤廃せよという運動が高まりをみせていましたよね。高美中でこの問題をどう訴えていくかという闘いがあり、中学校こそ違いますが、その話し合いに富健さんもトッカビの仲間として参加して、一緒に話をしたことを思い出します。そして、3人とも中3だったので進学を考えた時、自分が高校にすすんでなにをするのかということを考えて選び取って、反対する親を説得して3人とも八尾北高校に自ら進学していきました。高校に進学し、はじめてこれまでと異なるひろい世界に出たわけですが、他地域の子どもや青年とかかわって、やはり違うなと思うようなことはありましたか?

金純嬉　その当時から八尾北高校には私たちのような外国にルーツをもつ先輩方がたくさんいて、安中地域の先輩方もたくさんいました。そういう意味ではすでに多文化共生といえるような学校でしたので、韓国人である自分と日本人である誰それさんというような隔たりなどはあまり感じずに高校3年間を過ごせました。

金静子　みんなと一緒に八尾北高校に進学しましたが、私は同級生のなかで一番誕生日がはやくて、最初に指紋押捺の問題に直面しました。でも、トッカビの活動でこれだけやってきたから大丈夫だろうという根拠のない安心感があって、そんなにドキドキせずに進学したことを思い出します。進学してからも、ほぼほぼ中学校の雰囲気そのままで通っていたので、特に中学の時とかかわった体験や経験はありません。ただ、八尾市に限らず他の地域から生徒が集まってくるので、「ちょっとあなたたち優遇されてない？」というような空気や、表には出ないけれども、ちょっと妬まれているようなこともあったかなとふと思い出しました。

金富健　高校に入ってからはなんだか楽だったような感覚があります。当然、高校から出会う子は僕の名前を最初からキムプゴンでしか知らず、成法中から同じ高校に進学する子がいても、すでに中学校で本名宣言していたのもあって、なんだか楽でした。外国人登録の切り替えでは、トッカビに誕生日の近い同級生がいて、2人で市役所に行って指紋押捺を拒否した記憶があります。市役所は平日しか開いていなくて、どうしても学校を抜けないといけなかったので、こんなことを先輩や親、みんながやってきたのだなと思いましたね。

陳伊佐　本名宣言した年齢は違っても、3人はそれからも名のり続けているのですが、本名を名のり続けることへのこだわりみたいなものはありますか？

金純嬉　こだわりというよりも、小学2年生で本名宣言をしてから、ずっとキムスニという名前で生きてきたので、それが私にとっては一番自然な姿ですし、いまの私にとっては一番楽な生き方がキムスニという名前で生活していくことだなと思っています。

金静子　小学2年生といっても物心がついた頃からずっとキムチョンヂャという名前で生活しているので、普通というかこれしか選択肢もなんもなく、通称名もあるにはあるのですがまったく使っていないですし、私自身がこれで普通に生活しているので特になにもありません。

金富健　僕も同じですね。もう一回通名に戻すという選択肢がないんですよね。外国人登録の切り替えで指紋押捺を拒否した時に通名も削除してしまったので、本名しかない状況です。でも、かえるという選択肢がまったくありません。

陳伊佐　トッカビに幼い頃から参加して得たものはありますか？

金純嬉　子どもの頃から青年に至るまでずっと参加して、隣に2人いる同級生の仲間であったり、トッカビの指導員の人たちであったり、私のまわりにいてくれている人が私にとってはトッカビで得た一番のものかなと思っています。

金静子　私もそうです。仲間や、いまどきの言葉でいえば居場所というのでしょうか。自分のそれぞれ仕事や家庭があるのですが、ちょっとなんかあった時にホッとできるみたいな関係性というか、それが得たものです。

金富健　僕も長く同じ時間を過ごしていたので、いとこのような感覚です。ちょうど中学高校になっていく多感な時期でしたが、いろいろな話をしたりしました。その後、トッカビの専従指導員をした時期もありましたが、その時にハングルの勉強ができて言葉が少しばかしわかるようになったこともあって、それもよかったかなと思っています。

陳伊佐　そんな自分たちの頃から考えて、次の世代の在日や、いまの外国人をみて感じること、考えることなどはありますか？

金純嬉　私と夫、中学1年になる娘の家族全員がこの地域で生活しています。この地域の保育園、小学校、中学校は、私たちの子どもの頃以上にいろいろな外国ルーツを持った子どもたちがたくさんいます。そういう環境で、娘をみている限りですが、たまたま娘は韓国にルーツがあるということだけ、だからなに？　という感じで、私たち以上に外国にルーツがあることをことさら掘り下げて考えることもなければ特別視することもなく、こだわりを持っているわけでもなくて、ともかくサラッとしていると感じます。ですが、娘が保育園の頃から一緒に育ってきた外国ルーツを持つ友だちの何人かが小学校、中学校と成長の過程で日本風の名前にかわっていくことがあり、そういうのをみると、なんだか昔とかわらないという部分も正直あります。

金静子　夫も在日で、どちらも本名を名のっています。子どもが2人いますが、上の子の小学校入学の時、公立小学校に入学しますか？　という案内が市役所より届きました。外国籍だとこのようなことを聞かれるのだと思いました。保育園はこの安中地域でしたが、小学校は八尾市内中心部で、民族名の子はうちの娘だけでした。いずれ一人で社会に旅立っていくことを考えると、親としては自分がいま住んでいる地域の学校でがんばってほしいという思いがありましたが、小学校では名前をからかわれたり、韓国帰れといわれたりなど親が想像していた以上に多くのことを幼いなりに経験しました。あらためて考えると子どもには荷が重かったと思います。私がトッカビに通ってきて、自分自身がそのように挫折した、苦労したというようなことが一切なかったといってよいぐらいだったので、まさか自分の子どもがこんな経験をするとは思ってもおらず、親としてこれはよかったのかなとすごく悩みました。だけど、子どもは小さい子どもなりに先生や親と話し合ったりして、私もなにも恥じることはないといいました。1年生なりに覚悟を決めたのかもしれませんが、堂々としていた娘を誇りに思います。

金富健　在日韓国・朝鮮人、中国人、ベトナム人といろいろな方が増えて一世から二世にかわって、僕は三世ですが、四世五世と世代もかわり、国籍は日本だが本名で生活している方や、通称名で国籍は韓国・朝鮮という方もいるでしょう。大切なのは、韓国人も朝鮮人も嫌ではなく、親も好きでおじいちゃんおばあちゃんも好きだし、ルーツが大事だな、否定したくない、そう思えるようになることではないでしょうか。自分がいまここで生活しているのは脈々とそういうつながりがあるからだと思っています。

陳伊佐　トッカビがあり、小、中、高校と育ってきて、もちろん自身が素晴らしかったのはありますが、多くの人から韓国・朝鮮人だということを大切にされてきたと3人の話から感じました。そのように大切にされるのはある一定の地域だけではなく、どこで暮らしていてもそうならなければいけないとも感じました。

金純嬉　結婚後しばらくは八尾の中心部の静子さんと同じ校区内に住んでいました。娘が誕生してすごく悩んだのが、このままその校区内で子育てをしていくのか、それとも自分が育った地域に戻るかということでした。悩んだきっかけが先の静子さんの子どもの話を少なからず耳にしたからで、これから同じ小学校に通うのかと思うとすごく不安を抱えました。正直、共働きの子育てはすごく大変で、親の目が行き届きにくいところもたくさんあります。私の子どもが同じ小学校で同じことに遭遇した時、小さな子どものSOSを私は見逃さずに受け止められるだろうか、私たち親は全力でこの子を守れるのだろうかとすごく悩み、地域に戻ろうと思いました。地域には子どもを見届けてくれる大人の目が親以外にもたくさんあると確信がありましたが、この地域に戻ってきていまのところ大正解だったと感じています。

金静子　私たちの成長の過程で受けた指導や教育を、そこから30年以上も経ているので、八尾市に限らずいろいろな小学校、中学校で受けることができて、自分の子も同じように受けることができるだろうと期待していました。残念ながらそうとはなりませんでしたが、そこで経験したことはけっして無駄ではなかったと思っています。転校もよぎったのですが、子どもが受けたことを放置したままにすると子どもが前にすすめないだろうなと思い、下にきょうだいがいましたが、きょうだいだけでなくこの子に続く子がこれからもいるだろうからとも思って、なにかあった時には学校にいいなさいと娘と話したりしました。先生との話し合いもあって、クラスでいろいろな民族のルーツをもつ人に対しての名前や文化といった学習がもたれ、そのなかで、日本の子もしかり外国の子もしかり、友だちの名前をきちんと呼びましょうとの指導もあったそうです。それまで1年生なので下の名前で○○ちゃんと呼ばれていたのが、次の日から、みんなが自分のことを鄭さんと呼んでなんだか気持ち悪いといってきました。娘の事件があって学校が動いたのはたしかで、あったこと自体はもう消しようのない事実ですが、転校させずに行かせてよかったと思っています。繰り返しになりますが、あたりまえではないかもしれませんが、私たちがトッカビ、小・中・高校で受けてきた教育を同じようにいろいろな学校で受けさせてもらえるようになってほしいと願っています。

金富健　僕の配偶者は高校の同級生の日本人です。子どもはいませんが、もしできたらどうするかみたいな話はよくしていて、できたとしたら、僕は妻が日本国籍を取らすだろうと思っていました。本当に妻がどう思っているかはわかりませんが、これから日本で住んでいくだろうから、それはそれでいいだろうと思っています。もし子どもがいて友だちができた時、自分の家に表札が僕と妻とで2つあることを聞かれた場合にはしっかりと答えられるように、ルーツを否定してほしくないなということとは教えていきたいとは思います。生き方はさまざまなので誰も否定できないと思っていますし、まずは生きていくことが大切ではないでしょうか。

（会場から）　小学校教員です。自分のルーツのことで悩んでいる子がいますが、日本人の先生も自分がなにを伝えられるのか、どう伝えていったらいいのかと悩んでいる姿も目のあたりにします。トッカビにかかわっていた日本人の先生やまわりの友だちからの声掛けで心に残っていることや、一緒に活動していくなかで勇気づけられた、嬉しかったというエピソードはあるでしょうか。

金純嬉　学校の先生や隣の青少年会館の指導員、夏休みになればトッカビを手伝いに来てくれる大学生に、日本人のお兄ちゃんお姉ちゃんたちがいました。日本人の友だちで一番近いのは隣の青少年会館に通っている地域の友だちで、トッカビの友だちと同じぐらいの割合で仲よく遊んでいました。なので、トッカビに通っているからといって、トッカビの子どもたちだけで固まっているのではなく、青少年会館に通っている日本人の友だちとも一緒に遊んでいるという、ある意味バランスが取れた環境のなかで過ごせていたと思います。韓国人だからどうとかいうのをあまり感じずこの地域で暮らせていたのかなとも思います。

金静子　自分も韓国の名前が欲しい、つけて、という日本人の子もいましたが、自分のルーツを隠している子が大半で、徐々に仲よくなっていろいろな話をしていくと、高校で「私〇〇で」とカミングアウトされ、はじめて気づいたこともありました。自分はこれが自然体だと思っていることも、同じ韓国のルーツを持っている友だちからはちょっとやめてと思われていたのかなと思います。だけど、やはり自分と共通するところがあったからいろいろな話をされたので、いま思えば好意的なかかわりだったのかなと感じます。

金富健　僕は多感な時期に本名宣言しましたが、本名を名のってからもなにもかかわらず、当然日本人の友だちが大半なので同じように遊んでいました。中学生の活動は夜なのでトッカビに行くようになりましたが、イベントがあるタイミングになるとトッカビ指導員と学校の先生が連携して包囲網をつくり、そこへ呼び出されるということがありました。そんな先生がいて、自分のルーツを考える機会も都度あり、いま思えば面倒で気もつかうようなことをよくやってくれたので、ありがたいことだったと思います。

（会場から）　トッカビの活動に参加されてきた人からは、ルーツをオープンにいえない子をみて、その気持ちはわかるけれども、というような葛藤はあったでしょうか。ニューカマーの子が日本名にかわっていくとの話でしたが、無理矢理に名のる必要がないかもしれないですし、同時にルーツを好きでいてほしいというのもあるかと思いますが、どう思われますか。

金富健　ニューカマーが一世から二世に移る頃に通称名が増えたと感じます。三世・四世の時代になってきましたが、過ごしにくい社会というのを感じるからこそ日本名にかえたりするのでしょうね。ニューカマーで日本国籍を取られた人もたくさんいますが、日本に住み日本国籍を取って日本の名前を名のるという流れになっているのかなとも感じます。あえてそれを否定するつもりもありません。ルーツを大切にしながらゆるやかに集まっていければとも思います。僕と歳がかわらない人ですが、ベトナムから命からがらで日本に来られ、いま生きているのが不思議だという話を聞きました。それを聞いて、壮絶だと思いましたが、生きていくことがまずは大事だと思いました。

金静子　小・中学校の時に、みんな通名でしたが、私も韓国人と告げられることもあれば、家でしか使わないような韓国語を使う友だちも何人かいて、トッカビにも何回か来たことがありました。ただ、自分は行きたいけれども親が行ってはいけないという子がほとんどで、私たちもわかっていたので、それはそれで受け止めていました。いま、保育教諭をしていますが、勤務先にベトナムルーツの子がたくさんいます。年長の子になると、ベトナム語でピカチュウは○○、ドラえもんは○○と、その子たちは自分のルーツのこともあたりまえだからと話してくれます。そんな子らも小学校入学のタイミングで日本の名前にかわったというのを後で聞くこともあります。彼らの生き方を否定することもできず、その子自身はなにもかわりはないので、みかけた時には私が知っているベトナムの名前で声をかけ、返事もしてくれます。中学生、高校生になって進路を決めていく時にあらためていろいろと考えていくだろうとは思います。私たちにトッカビがあったように、なにかあった時には相談にのってくれる受け皿になる大人たちがいれば心強いだろうとは思います。

金純嬉　私たちの時代から自分のルーツを隠して学校生活を送っている子もいましたが、その子たちへの怒りや憤りのような気持ちはまったくありませんでした。子どもの日常生活や遊びのなかで、ルーツを基本にして遊ぶこと、かかわることはまずないと思います。ルーツを隠している子、オープンにしている子といった境目は子どもの世界にはないのではないでしょうか。先の2人もいったように、名前をかえるのはその子自身やその子の保護者、家族が決めることなので、第三者があれこれいうのはおかしいと思います。ただ、ネガティブな理由から日本風の名前にかえるのだとしたら悲しいです。在日一世、二世の世代からなんらかわらないことがいまも続いていて時代が止まっていると感じます。

陳伊佐（司会） 金純嬉さん、金静子さん、金富健さん、ありがとうございました。

（反訳：趙翔子、構成：鄭栄鎭）

第３部
トッカビの実践と八尾市の多文化共生施策をめぐって

第9章　文字につなぐ、世代をつなぐ
——日本社会における地域継承語教育

薮田直子

1　はじめに

本章では、トッカビの現在の実践として「ルーツ語教室」の活動を取り上げる。ここでは、主に2016年にNPO法人トッカビがまとめた冊子『あらたな「コミュニティ」を紡ぐ——ルーツ語教室10年の実践から』の内容と、トッカビスタッフである筆者の観察記録(フィールドワークデータ)[1]を参照しながら、日々の実践の様子をお伝えしたいと思う[2]。

2004年に発足したトッカビのベトナム語教室の活動は、これまで約20年間にわたって途切れることなく、地域のベトナムにルーツをもつ子どもたちの学びを支えている。とはいえ、その実践に課題がないわけではない。本章では、トッカビベトナム語教室の活動成果をふりかえるとともに、日本社会における「移民」[3]を対象とした言語教育の課題点・難しさについても考えていきたい。発足から現在にいたるまでの実践の経緯をふりかえることは、いま一度、外国にルーツをもつ子どもの言語教育の意義を確認する作業となることだろう。

2　ベトナム語教室の発足

「子どもがベトナム語を忘れかけている、私と話ができなくなっている。」２００３年頃、生活相談でトッカビ事務所に来ていたあるベトナム人女性が、自身の子どもをさしながらいった言葉だ。現地（日本）うまれの子どもたちに親や家族の言語が継承されず、世代間・家族間のコミュニケーションが難しくなる課題は、多くの移民社会に共通してみられる課題である。当時のトッカビの活動のなかでもそのことは十分認識されていたが、具体的にその悩みを訴えられた時の「衝撃」を当時のスタッフはいまでも覚えているとふりかえる。

母語とは生まれてはじめて覚えることばだが、親の言語が子どもの母語とはいえない状況が生じているのは、現地うまれの子ども、つまり移民の2世以降にみられる状況である。しかし親の話す言語は、子どもたちにとってまったくの第二言語・外国語ではない。そこで子どもが異言語の環境で育つ際の親の言語のことを「継承語（Heritage Language）」[4]と呼び、母語や現地語、第二言語と区別して捉えた。「子どもがベトナム語を忘れかけている」は、まさに移民の言語の重要課題なのである。

子どもたちの母語・継承語能力に課題を感じていたのは、先述の保護者だけではなかった。多くの保護者や関係者がベトナムにルーツをもつ家庭の親子間コミュニケーションの課題を認識していた。実はトッカビが教室を立ち上げる前から、すでに地域のエスニック・コミュニティのなかでは日本うまれの子どもたちにベトナム語を教える活動が何度も企画されていた。しかしどれも継続的な活動にはいたっていなかった。

２００４年５月、トッカビのベトナム語教室は韓国語教室、中国語教室とともに活動をスタートした。[5]学習時間、活動場所、学習教材、講師、教授法などすべてが手探りの状態であったものの、初年度から６名のベトナムにルーツをもつ小学生を学習者として迎え、事務所の一角で活動がはじまった。

現在、教室は「ベトナム語」や「継承語」というよりも、日常的に「ルーツ語教室」[6]と呼ばれている。「ルーツ語」とは「自分のルーツの言葉」という意味であり、より子どもたちに馴染みのある言葉を使用した。以下、本章においても現場での呼び名にしたがって「ルーツ語教室」と表記していくが、そこは単なる外国語教室ではなく、文字通りベトナムに「ルーツ」をもつ子どもたちを対象とした場なのである。それを示すように、ルーツ語教室の目的は以下のように定められている。

◎ベトナムルーツの子どもたちが、ベトナム語の学習を通じて自己肯定感を育むこと。
◎同じ教室に集う仲間とふれあうことで、教室が子どもたちの居場所になること。
◎ベトナム語を学ぶことによって、親子のコミュニケーションをさらに深める言葉だけでなく、文化や習慣にも興味を持つこと。

【ＮＰＯ法人総会資料より「ルーツ語教室」の目的】

継承語教育は「異言語環境で親のことば、文化を育てる教育」[7]である。この点でトッカビのルーツ語教室も「親子のコミュニケーションをさらに深める言葉だけでなく、文化や習慣にも興味を持つ」ことを目的とした継承語教育の場であると位置づけることができるだろう。

3　ルーツ語教室の変遷と実際

教室では週に1回（土曜日）、5歳から中学生までの約30名の子どもが能力別のクラスにわかれてベトナム語の学習をしている。講師は2名であり、2名とも結婚を機に来日したベトナム語ネイティブスピーカーの女性である（2022年度現在）。講師のうち1名は教室が発足した1年後、つまり2005年度から継続して講師を務める「ベテラン」である。それに加えて、講師の支援や教室内での個別指導を担当する「サポーター」がいる。サポーターは地域コミュニティのベトナムにルーツをもつ青年にお願いしており、これまでのべ8名の青年がサポーターとして活躍した。なかには自身もルーツ語教室で学んだという「卒業生」のサポーターもいた。他方、教室全体の運営にあたってはトッカビのスタッフが常時2~3名かかわっている。

1つのクラスの学習時間は45分間で、午前9時から12時までに3教室を併用して最大7つの能力別クラスを開設している。教材はトッカビがNGOベトナムin KOBEと共同で、大阪外国語大学教授（2005年当時）の冨田健次さんの監修を受けながら開発したオリジナルの教科書「Tiếng Việt Vui（たのしいベトナム語）」を使用している。

教室を開設するにあたって、講師の確保はかなりの工夫が必要だった。ベトナムは出身地によって発音や表現など言葉の差異が大きいことに加え、社会生活環境においても違いがある。そこで地域のエスニック・コミュニティの状況を鑑みて、ベトナム南部の発音や表現を主とする内容、そして南部表現を使うネイティブスピーカーの人材を探した。また保護者からの要望で、子どもが親しみやすいような「優しい女性の先生」という条件もあった。もっとも苦慮したのは、エスニック・コミュニティと講師、スタッフの関係である。ここではあえて地域のベトナム人コミュニティと一定の距離がある人を講師にすることとした。というのは、2004年当時の八尾市のベトナム人コミュニティは凝集性がかなり高く、人間関係が親密であるがゆえにお互いがみえすぎてしまうという問題があった。先に企画された地域のベトナム語教室が継続しないのも、親密すぎる人間関係が原因であるという指摘が多くの保護者や関係者からなされていた。地域のエスニック・コミュニティと一定の距離を保ち、濃厚な人間関係に絡めとられない人物で、かつ南部の言葉に理解のある女性を探した。エスニック・コミュニティとの距離という条件から日本の大学で学んでいるベトナム人留学生を講師とした時期もあったが、卒業後帰国する留学生が多いこともあり、継続性が課題となっていた。他方、日本生まれの子どもたちのベトナム語能力やその学習姿勢を目の当たりにして、落胆する留学生講師もおり、また子どもたち側もベトナム式の教授法に不慣れなため、留学生講師との関係が築きにくいという面もあった。

そんな中2005年度、地域の学校や保育所・幼稚園などでベトナム語通訳をしていた女性に講師をお願いできることとなった。この講師は地域のベトナム人コミュニティと一定の距離がありながらも、通訳の仕事を通して実際に子どもや保護者とかかわっていたことから保護者からの期待度や信頼もあつかった。またベトナムの教師資格も持っていたことから、子どもたちにむけたベトナム語の初期教育の知識やノウハウがあった。

子どもたちが教室へ参加するきっかけは、親の勧めであり、基本的に保護者間の口コミによって教室の存在が知らされている。近隣の公立学校や公立施設へチラシを配布しているが、実際には家族や親戚の勧めで教室にやってくる参加者がもっとも多く、次いで学校の先生や通訳からの紹介などが多い。なかにはトッカビのホームページで活動を知り、奈良県や大阪市内など、八尾市以外の近隣の自治体から通ってくる子どももいる。[8]

参加者からは半期（6か月）で約3500円の参加費を徴収し、サポーターへの謝礼など運営の費用にあてている。

2004年当初から現在まで教室で学習しているのは、日本で生まれた2世世代以降の子どもの割合がもっとも多い。次いで幼少期に来日した1・75世や10歳前後で来日した1・5世と呼ばれる世代がいる。2023年現在では、日本で生まれ育った2世を親に持つ、3世の学習者もみられている。教室はベトナムにルーツをもつ子どもを対象としているため、いわゆる国際結婚家庭の子どももいる。家庭の言語環境は、ベトナム語と日本語の2言語を使用している家庭がもっとも多いが、その比重は各家庭で異なっている。

4　ルーツ語であることの困難

地域で継承語の活動をしていると説明すると、よく受ける質問がある。「どうして家庭内で親がベトナム語を教えないのですか？」という質問である。実は筆者自身も活動に参加した当初は同様の疑問を抱いていた。家族というもっとも身近なところに「ベトナム語の先生」がいるようなものだから、子どもは自然と言語を習得しているはずだと考えていたのである。その応えとしては、まず1つの要因として親が共働きのケースが多く、一緒に勉強する時間が取れないという声をよく聞く。しかしそれだけではないようだ。家庭内で言語の継承が妨げられている理由はなにか。日本うまれの2世の子どもを育てるAさんは以下のように説明する。

表9-1　ルーツ語教室参加人数推移

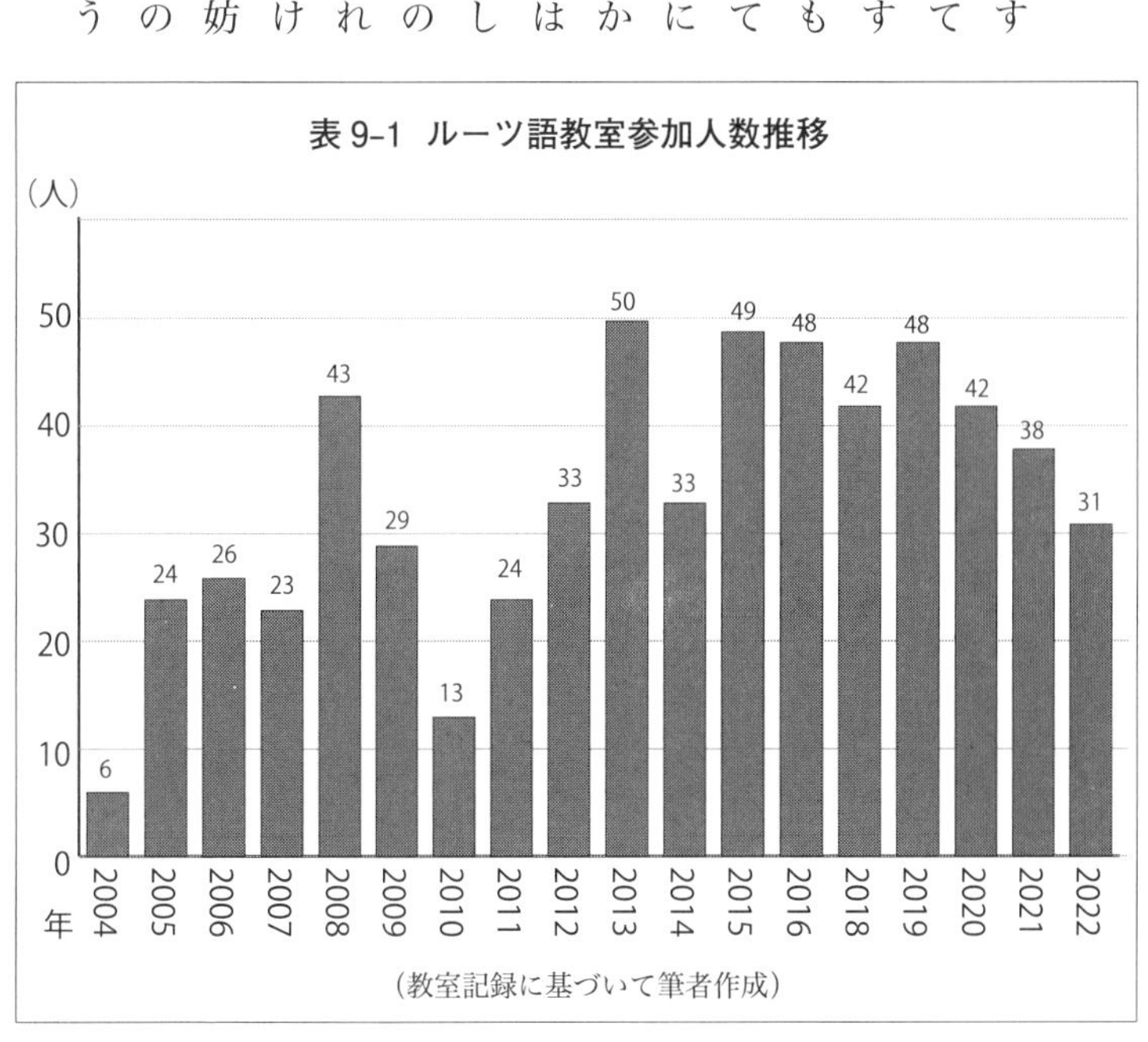

（教室記録に基づいて筆者作成）

保護者Aさん：こんな教室があることは、私だけではなくてベトナムコミュニティの多くの人間にとってうれしいことです。子どもたちはベトナム人ですが、日本でうまれて育って母語は日本語です。もし私がベトナム語で子どもたちに話して教えようと思ってもできないと思います。しかも、別の人間が教えるほうがちゃんと聞くと思います。教室がなかったら（教室へ）通う習慣もないし、家では怠けて勉強しないです。

【2015年7月26日保護者Aさんインタビュー　傍線部は筆者による】

保護者のAさんが語っているように、現在地域に暮らすベトナムにルーツをもつ子どもは日本うまれが多く、すでに母語は日本語という状況が散見される。日本うまれの子どもに対して、ベトナム語のみを使って教えることは難しい。

また「別の人間が教えるほうが」つまりここでは、家族以外の者が教えた方がよいということが語られた。これは多くの保護者、そして学習者に共通の経験として語られた。保護者の多くはネイティブスピーカーのため、いわば自然とベトナム語を習得し、継承語として学習した経験がない。一方で、親子は互いに身近な存在であるがゆえに、多くの親は「こんな簡単なベトナム語も理解できないの？」と否定的な評価に陥りがちである。すると子どもたちのベトナム語学習に対するモチベーションは低下していく。学校や保育所など、生活のほとんどの時間を日本語環境で暮らしている子どもにとっては、自分の親のようにベトナム語を習得することは自然というより、大きな努力を要することなのである。

こうした状況を鑑みて、トッカビのルーツ語教室では、子どもたちがルーツ語の学習を前向きに継続できるようにさまざまな工夫やしかけを行っている。その1つが「サポーター」による個別指導や励ましである。以下は、子どもが帰り際に1世のネイティブスピーカーの講師、B先生の指導の厳しさについて、サポーターに相談した際の返答場面である。

2世サポーターCさん：先生（私）が覚えた時は、もうずっと止まることなく歌みたいに覚えてん。B先生（1世講師）は、とにかくそういうやり方やねん。

学習者：最初はわからんかった？

2世サポーターCさん：うん、全然わからんかったで。先生（私）はこっち（日本）でうまれたからな、ベトナム語全然わからなかったで。だからゆっくり覚えていきや。

学習者：そうなん?!

【2017年9月9日フィールドノーツ】

2世のサポーターのなかには、自身も継承語としてベトナム語を教わった経験があるひともいる。ネイティブ講師の指導法を熟知しながらも、ベトナム語学習に苦労した自分自身の経験を話すことで子どもの学習継続を励ましている。

またいまひとつの教室の工夫は、クラス設定である。個人の移動の履歴や、家庭内言語の状況によってベトナム語能力は各々異なっており、学習者の年齢とベトナム語の能力は必ずしも比例しない。年齢は幼くても、ベトナム語が多用される環境で育った子どもは、ベトナム語のレベルは上になるし、小学生でも日本語の使用頻度が高い環境だとベトナム語は初級レベルとなる。

同じような年齢集団で学ぶことに慣れている日本うまれの子どもたちが、自分より幼い子どもたちと同じ教室になることは、避けるように設定している。そのため新年度のクラスわけでは、ベトナム語の定着度、つまり言語能力という判断軸に加えて、学習者の年齢や学習者同士の仲間関係等、さまざまな要素が考慮される複雑な状況がうまれる。とは言え、年齢や仲間関係を重視し過ぎると、今度は学習が難しすぎるといった事態も起こりかねない。

また年齢や学習歴を重ねればベトナム語能力が向上するという単純なことでもない。たとえば小学校から中学校への進学は、生活のスタイルの面でも学習の面でも大きな変化をもたらす。もっとも顕著なのはクラブ活動で、多くの学習者は学校のクラブ活動に参加するため、土曜日の教室を欠席しがちになってしまう。また学習面での変化として定期テストの導入もある。多くの学習者にとって、定期テストにむけた準備は優先順位の高いものとしてあつかわれており、ルーツ語教室での学習が後回しになる時もある。また「(ベトナム語を)読めって言われて、諦める。英語もしているからめちゃくちゃになる。」(2015年7月12日学習者Dさんインタビュー)と、英語の学習と混同してしまう苦労も語られた。中学生になることで、逆にベトナム語能力の伸長が抑えられてしまうという状況もおこりうる。

5 ルーツ語であることの限界と展望

こうした困難のなかでも、子どもたちは確実にベトナム語の語彙を獲得していく。ルーツ語教室の成果とは、まずなんと言っても「言語」であろう。実際にルーツ語教室で学ぶことを通じて、将来は通訳やベトナム語と日本語を活用できる仕事にたずさわりたいと展望を語る学習者もいる。

しかしこうした展望は現実的で無いと感じる青年もいる。かれらは自らの継承語としてのベトナム語能力が、社会でどれほど「活用」できるものなのか、不安に思っていた。

NPO職員：教室に来て、読み書きもできて、しゃべれて、将来ベトナム語を使ってなにかやろうとか思う？　いまの段階で。

学習者Eさん：でもな、使いたいは使いたいと思うけど、いまってな、そんな使える機会ないと思わへん？　うちらのルーツって。中国とかは使えるやんか。【中略】できたら活かしたいけど、そういう人たち（通訳として活躍する人材）をみると、活かしてやれる、自分はこの人たちみたいにできるかな？　って。そんなに知識も豊富じゃないやん、ベトナム語もわからん言葉も多すぎて、いまは会話とかそういうのはできるけど、社会的に考えると、使われる言葉もそんなにわからへんやん。どうなんやろうなとか、活かせるんかなとか。

【2015年7月12日Eさんインタビュー】

Eさんは、ルーツ語教室で6年間学び、ベトナム語の会話はもちろん、読み書きも習得した。しかしそれでも、自分のベトナム語能力では、まだわからない言葉も多く、十分でないとの自己認識がなされている。とくに2世にとっての継承語学習は、1世である親世代とのコミュニケーション・ツールの獲得という必要に迫られた動機がある。継承語としてのベトナム語能力は単なる言語の上達とは別の、実質的なコミュニケーションに応えられるかどうか、というところに着眼点がある。そのため、いくら長期間にわたって継承語を学んだとしても、ネイティブと比較すると自分の言語能力が不十分だと実感させられる経験をもつことになる。

ほかにもベトナム語の新聞が読めないこと（理解できないこと）や、地域による発音や言葉の違いに対応できないことを挙げる学習者もいた。

週に一度の、45分という学習時間のみでベトナム語の能力を維持・伸長させていくことはきわめて困難である。よってルーツ語教室での学習を通じて、いわゆるバイリンガルになれるかと聞かれれば、消極的な回答をするほかない。ベトナム語と日本語のバイリンガルを育成するためには、さらに別のアプローチが必要であろう。トッカビのルーツ語教室では、時間的制約上でも、そもそもの設置目的上でもバイリンガルを目標とはできなかった、さらに言ってしまえば、目標とはしていないのである。

ではどのような実践をしているのか。以下でその特徴がよくわかる事例を2つ紹介したい。トッカビのルーツ語教室では継承語であるという特性を最大限にいかす意味で、家庭での日常会話を学習時の用例として積極的に活用している。そのような用例は学習者にとってなじみ深いものであり、効率のよい学びへとつながる。これは単なる言語学習ではない、継承語学習としての特性が際立っていく場面である。

2世サポーターFさん：お菓子をさ「台所行ってな、ホッバン（Hộp bánh：箱）取っておいで！」って言われることあるやん。

【クラス中が口々に「ある！」と同意する】

サポーターFさん：聞いたことあるでしょ？

学習者：わかった、うんある！

サポーターFさん：あれは「箱」の意味やで。

【２０１６年7月8日フィールドノーツ】

講師：お風呂入ったらお父さんになんて言われるん？

ゴイダオ（Gội đầu）って言われるやろ？　頭シャンプーしなさいって。ダウってこれやん！（子どもの頭を触って示す）

【２０１７年6月16日フィールドノーツ】

このようにルーツ語教室では、子どもが生活のなかで聞いているベトナム語を活用して学習をすすめる方法が積極的に取られている。そこであつかわれる表現や単語は、生活に必要な語彙であるとともに、学習者の子どもたちにとって「知っている」という実感をともなうものである。上記の事例のほかに、子どもたち自身がエピソードを話したり「ママがこう言っていた」と用例を示したりする時もある。筆者がよく目にするのは、文字をみるとわからないといった様子で固まっている子どもが、講師がそれを読み、音声で伝えると途端に「ああ！」と理解する姿である。ルーツ語の学習は、ベトナム語を単に習っていくというのではなく、生活のなかで耳に入っている「音」を「意味」や「文字（つづり）」につないでいく作業であるといえる。

6 むすびにかえて——地域継承語教室の未来

繰り返しのべてきたようにルーツ語が学習者の子どもたちにもたらすものは、もちろんベトナム語の能力である。しかしそれだけでなく、教室で友だちづくりができたという、言語能力とは別の成果を語る学習者もいる。

学習者Gさん：同じベトナムの子らが集まって、それでまた友だちになれるじゃないですか。それはここでしかできないと思うんですよ。私も（地域から）出てはじめて知ったので。ベトナム人が多いのはここだけだって思わなかったんですよ、ちっちゃい時の私は。だから私にとってはいい場所だと思います。自分の仲間、一番、Ngư ấn gốc（起源、ルーツの意味）をわかってくれる人が多い場所。

【2015年7月26日Gさんインタビュー】

教室は、校区を超えて同じベトナムのルーツの子どもたちが集い、つながりあう場所でもある。同じルーツの人が集まる場所であるが、そこは閉じたコミュニティではない。日本人スタッフや2世のサポーターなどさまざまな立場の人がかかわりあうことで、それぞれの特性を生かした活動が可能となっている。またエスニック・コミュニティ内の特定の人間関係に依存することなく、多様な人材が活動にかかわることで、風通しのよい環境のもと、ひとつの文化や価値観に限定されることのない、多くの選択肢や価値観、情報が行き交う接点となっているのである。

さいごに、今後の地域継承語実践の未来を展望してみたい。

実践現場で子どもたちとかかわっていると、継承語教育の最大の課題はモチベーション維持の問題であるとみえる。日本語が圧倒的に優位な社会のなかでは、子どもたちの継承語学習に対するモチベーションは、しぼんでいきやすい。正規のカリキュラムやプログラムとして社会のなかに位置づけられているカナダやオーストラリアの母語・継承語教育とは異なり、日本の継承語教育は「資源としての言語観」[9]という社会からの評価、後ろ盾をもたない。このような状況下では学習への動機づけが常にセンシティブな問題として浮上してくるのである。

自らも継承語としてのベトナム語学習を経験した2世のサポーターの青年たちは、自分の学習経験を積極的に語ることで、世代の間に立ち、その役割を発揮している。子どもたちにとって、実際に自分と同じ境遇でベトナム語を習得したサポーターは、具体的かつ身近なロールモデルとなりうる。[10]

また学習者のモチベーションの維持や向上という意味でいえば、2世の青年だけでなく、地域でトッカビが担うことの利点もあるだろう。たとえば、実際にルーツ語教室では、筆者のようないわゆる日本人支援者や、地域の学校の元教員などもボランティアで活動にかかわっている。継承語学習をエスニック・コミュニティまかせにするのではなく、さまざまな人がかかわっていくことで、ホスト社会で継承語の価値を認めることにつなげたい。母語・継承語学習者である移民の子どもたちには、1世の保護者のみならず、2世や日本人も含めた社会全体がメッセージを送る役割があるはずだ。

ホスト社会においてなんのアクションもなされなければ、世代を経た移民の母語・継承語が失われていくことは避けられない。残念なことにそれはすでに多くの歴史と先行研究から証明されている。しかしアメリカやオーストラリア、カナダなど移民の継承語教育に積極的に取り組み、多言語の価値を個人のみでなく、社会として受け止めている事例もみられている。グローバル化がますます進行するなかで、外国にルーツをもつ子どもたちを単に「日本語ができない存在」とのみ捉えるのか、母語や継承語を含めた言語的な可能性を捉えること・重視することができるかという問題は、日本社会にとっての課題であろう。また当該の活動に限って言えば、今後は生活の中で言語実践の場や経験をもちにくい3世、4世へ教育の対象が移り変わっていくことになる。自分のルーツの言語としてのベトナム語習得をどのように位置づけていくか、どのような共通認識をつくっていくか、学習への動機づけがますますのカギとなるだろう。

先立って行われている民族学校などの言語教育を参照し整理することによって「継承語」の次のステージへのヒントを得ることも可能だろう。[11] トッカビはもともと在日コリアンの活動団体として発足した経緯をもつ。今後もトッカビらしい活動を展開していくことができれば、と考えている。引き続き地域に暮らす多言語の可能性や存在が見過ごされることのないよう、子どもたちの生活の言葉を文字へとつなぎ、世代をつなぎながら、ルーツ語の価値を個人から社会へとつないでいきたい。

脚注

1 本章で参照するデータは、２０１５年１月から２０２３年１月までの筆者による参与観察データにもとづいている。加えて２０１４年から２０１８年の期間で行った教室の学習者と保護者を対象とした聞き取り調査を一部引用する。なお、データの引用にあたっては、本来の意味が損なわれない範囲で、個人のプライバシー保護の観点から、記述を一部編集したり改定したりした箇所がある。

2 本研究はＪＳＰＳ科研費（20K22255「日本生まれの『外国人』の継承教育とオールドカマーの民族教育の接続」）の助成を受けたものです。

3 本章では国家間を移動して生活している人びとについて、移民研究の知見を援用し、活かすために「移民」という用語を使用する場合もある。ただし現在日本政府は移民政策をとっておらず、移民はいないとされている。またすべての移動する・した人びとが自らの意志でやってきたとは限らない。

4 日本語訳に関しては他に「遺産言語」という訳もあるが、「遺産」は過去のものというイメージを想起しやすいため「生きた言語」という意味を込めた中島（２００５）の対訳にしたがって、本章でも「継承語」を採用する。中島和子（２００５）「カナダの継承語教育その後――本書の解説にかえて」、Cummins, Jim & Daneshi, Marcel、中島和子・高垣俊之訳『カナダの継承語教育―多文化・多言語主義をめざして』明石書店、１５５-１８０頁。

5 参加する子どもの減少から、ベトナム語以外の教室は現在休止中である。

6 特定非営利活動法人トッカビ子ども会発行、高智富美編（２００５）『異文化ルーツの子どもたちの人材育成事業報告書――ルーツ語習得の可能性を求めるとりくみについて』トッカビ子ども会。

7 Cummins, Jim & Daneshi, Marcel、中島和子・高垣俊之訳『カナダの継承語教育―多文化・多言語主義をめざして』明石書店、１５７頁。

8 近隣地域には同じようなベトナム語の継承語教育機関（活動）が無いため、可能な限り八尾市外からの参加も受けいれるようにしている。

9 齋藤ひろみ（２００５）「日本国内の母語・継承語教育の現状と課題――地域及び学校における活動を中心に『母語・継承語・バイリンガル教育（MHB）研究』第1号、1-17頁。

10 ただし、2世への過剰な役割期待には課題もある。基本的にサポーター活動に際しては、1世講師の授業を見学したり、授業実習をしたりしているが、継承語としてベトナム語を学習した2世の青年たちは、子どもたちの学習を「サポート」するのがやっとで、時には学習者の子どもにベトナム語の間違いを指摘されることもある。2世サポーターたちは予習をしたり、1世講師の指導を仰いだりして文字通り奮闘しているが、留学生講師と同じく就職や卒業を機に教室を離れざるを得ないという現状もある。そのため、教室は常に新しい講師人材を探し続けなければならないのである。

11 薮田直子（２０１３）「朝鮮学校における言語教育の位置づけ――初級部1年生教室でのフィールドワーク調査から」『教育文化学年報』第8号、39-51頁。

コラム３　「外国人相談事業」の周辺から

朴洋幸

ベトナムコミュニティが事務所周辺で広がるにつれ、日本語での会話がかろうじてなりたつベトナム人からの相談が少しずつ入りはじめた。簡単な困りごとにはなんとか対応してきたが、複雑な案件については、双方意思が伝えられずもどかしさを感じることが増えてきたため、２００４年度よりベトナム語対応できるスタッフが事務所に常駐することにした。そして翌２００５年より事業の一環として「外国人相談事業」を開始することとなった。

そもそも、トッカビはそれまで「相談事業」とは銘打ってはいなかったが、朝鮮人の保護者からの子どもの教育や生活の相談に対応していた。それをベトナム語対応できるスタッフを配置し、地域に暮らすベトナム人を対象に事業としてきちんと位置づけて行うこととし、週１回３時間ばかりの手探りのなかでスタートした。

ところが、相談者にとって相談対応の開設時間は関係がないようで、自分の空いている時間の都合で突如相談に来られることが多かった。それもそうで、切羽詰まったりすれば、開設時間を待つ余裕などない。そんなこともあって翌年から事務所の開所時間中は常時対応可能へと衣替えをしたのだが、口コミでひろがったのだろうか、前年に比べ相談件数が10倍以上に膨れあがることになった。

よせられた相談内容は言葉がわからないために生じる身近な問題がほとんどで、たとえば、役所からきた手紙が日本語でわからない、といったものが多かった。現在では八尾市役所の文書も翻訳されたものが多くなってきたが、その頃はまだまだ少なかった。病院に行きたいが医者にうまく日本語で症状を伝えられないというものもあった。これは最近の相談でもよくあり、通院が長引くと相談員の対応も長くなる。

これまでそういった相談には身近な親類や知人で日本語がわかる人がやってくれていたのであろうが、それだけでは限界があったはずである。相談内容によってはセンシティブなものもあって、親類・知人に相談しづらいことが多くあるはずだ。なので、トッカビに日本人でベトナム語対応できるスタッフがいて、しかも無料で相談対応してくれるというのは、その当時のトッカビ周辺に暮らすベトナム人にとっては、日本で生活を送るためのいわば「コンビニ」のような利便性を感じさせるものだったのかもしれない。あるいは、一度相談した人からの口コミも多くあっただろうが、いずれにしろ、トッカビには毎日多くの相談者が来所し、ベトナム語対応できるスタッフは毎日相談に奔走することとなる。なお、トッカビが現在行っている「ルーツ語教室」も、ここによせられた当時小学生の子どもをもつ保護者の相談からからはじまったものだ。

相談事業によせられた相談内容では、行政の不備を多々感じるものがあった。先の文書の例もそうだが、公的扶助の手続き書類が日本語のみであったり、保育所の入所時期が伝わっていないなど、同じまちに暮らし、同じ社会を構成する一員でありながらもベトナム人にはそれらの行政サービスが行き届いていなかったと思わざるを得なかった。そのようなことから、この相談事業をトッカビが手弁当で行うばかりでなく、このまちに暮らす市民への行政サービスとして必要不可欠であると市と幾度も折衝を繰り返し、結果、2008年からは八尾市が行政事業として実施することとなって、プロポーザル提案を経てトッカビが委託を受けることとなった。その際にはベトナム語に加え中国語、韓国・朝鮮語対応のできる相談員の配置も求められ、全言語をあわせて500件近く相談がよせられることになった。

2019年には入管法改定にともなう国の「外国人受入環境整備交付金」の活用によって、八尾市での外国人に対する情報提供や相談体制の充実がさらにはかられることとなり、現在の相談事業もその一環として行われている。ただ、この相談事業が市の事業であるために対応しきれないこともあるので、事業外で柔軟に対応することもある。

相談事業からは、近年、「外国人」の居住地域がひろがることを実感することもある。これまではトッカビ周辺など、ある程度集住地域があったのだが、技能実習や技術者が増えることで住む地域も分散し、相談員がなかなか対応しきれないということもあった。相談者自身も、これまでの難民一世、二世といった世代から、在留資格でいえば「技術・人文知識・国際業務」の人や、結婚で日本に来た人からも多くよせられるようになり、「ニューカマー」がさらなる「ニューカマー」へと移行している。

相談の内容そのものも、かつての難民としてやってきた人たちの相談はもとより、近年、日本にやってきた人たちにしかみられないようなものも増えてきた。たとえば、帰国出産を考えていた人たちがコロナ禍で帰国できなくなり、親族を呼びよせることもできずに言葉も不十分ななか不安をかかえるといったものだが、難民として日本に来た人たちが出身国に帰って出産を考えることはほぼないはずだ。確実に、地域で暮らすベトナム人の層が変化している。

また、社会的に弱い立場にある「外国人」が社会不安の影響をもろに受けることをあらためて感じさせることが多々あった。リーマンショックの際には雇用が打ち切られたという相談が増え、東日本大震災の時には原発事故の不安から帰国を考える相談者も多数いた。コロナ禍では、技能実習の期間が終了したものの、感染拡大のために帰国便が飛ばず、日本に残留せざるを得ないにもかかわらず仕事と家を失ったという相談や、出勤日や残業が減って生活が苦しいというのもあった。コロナ禍では行政が多言語でそれらの情報を出しているもののあまり知られていないのか、SNSで情報を入手したものの、それが間違っているということも多々あった。異国で言葉が十分に理解できないなか、それにすがるしかない状況に陥らざるを得なかったからで、母語の情報を通じて少しでも理解しようとする姿をみると、多言語で作成されていてもそれが必要な人に届いていなければまったく意味のないことだと痛感させられた。

繰り返しになるが、社会的立場が脆弱な位置にある「外国人」は、社会がなんらかの不安などに陥ったとき、その影響を日本人以上に大きくうける。これは相談事業をはじめる前からわかりきっていたことだったが、現場ではそれをあらためて強く実感した。

そして、それらを少しでも和らげるためにも、相談したことがひとつでも解決へとむかうことができれば、この相談事業の意味は皆無ではないはずだ。相談員の労苦はつきなく申し訳ないところもあるが、これからもこの相談事業を通じて、ひとりでも多くの地域に暮らす「外国人」が、よりよい生活を過ごすことにつながる一助になればと思う。

コラム4　わたしとトッカビー――ときめきクラブにかかわって

吉田美穂子

わたしは2010年にトッカビと出会った。日本語教室を開催するにあたり、支援者にならないかと声をかけてもらったことがきっかけである。留学生対象ではない、生活者に対する地域日本語教室に興味があったわたしは喜んで参加したが、それから数年は葛藤する連続であった。トッカビ的に当事者ではないわたしは、トッカビ子ども会や地域のことがなかなか理解できず、ここで自分にできることはないと感じていたからである。

わたしは大阪市で育ち、社会に根強く残る差別があることは知っていた。しかし、しっかりと理解はしていなかった。差別は絶対にダメだとはわかっているが、その内容はよくわかっていない。知る機会はたくさんあったのかもしれないが、あまりかかわりたくない、知りたくないと感じる自分がいたことも否定できない。子どもの頃、遊びにいこうとすると「あの道路の向こうには行ってはいけない」といわれることがあった。学校の友人のなかには、日本っぽい名前なのに「あの子は韓国の子」という「噂」が聞こえてくることもあった。障がいのある人と出会うと、「見てはいけない」といわれることもあった。わたしはそれらに対して疑問に感じるというより「話したりふれたりしてはいけないこと」と認識するようになっていた。それについて、自分の頭で深く考えることはなかった。

トッカビに参加し、今まで自分が考えてこなかったことは、実はとても身近で大切な問題であることを思い知った。たとえば「本名」を名のることは、あたりまえなのにあたりまえでないことを知った。職業選択、結婚、海外へ行くこと……、すべてが自由にできてあたりまえなのに、あたりまえではない世界があったのだ。無知な自分が恥ずかしかった。なにもわからずいきなりやってきたわたし。自分に自信がもてず、トッカビの活動に参加していることにずっと迷いがあった。

トッカビ日本語教室（現・ときめきクラブ）がはじまって14年になる。支援者全員で、試行錯誤を重ねてきた。ときめきクラブには、近隣の学校に通う子どもの保護者が多く参加していた。子どもがまだ小さい家庭は、親子で来ていた。親が勉強している間、子どもは塗り絵などをしたり学校の宿題をしたりして過ごす。学習者からは「子どもと一緒に勉強したい（宿題を教えたい）」「学校のお知らせがわかるようになりたい」といったニーズが多かった。子どもの方が日本語をよく話すことに対して、複雑な思いの学習者もいた。

とはいえ、みなさん、すでに日本語をたくさん知っておられる。「自分はできない」「まだまだへただから」と積極的に話すことがむずかしいだけなのだ。語学を勉強したことのある人なら、その気持ちは十分理解できるだろう。まずは楽しむことからはじめようと、教室から「クラブ」に名称を変えた。学習者に料理を教えてもらったり、自分の文化を紹介してもらったりと、その時々でいろいろなイベントをおこなった。通常の活動では毎回日本語ゲームを取り入れ、とにかく日本語を自発的に話すことができるようにした。トッカビのイベントにも参加してもらって、地域の人とも接する機会をつくった。次第に「次は○○つくりたい」「△△へ行きたい」など、学習者からいろいろなアイデアが出るようになった。ゼロ初級者のフォローをして、クラブをまわしてくれたりもした。とにかく知っている日本語でコミュニケーションをとろうとする姿がたくさんみられるようになったのだ。日本語学校のように、きちんと文法を積み重ねての学習はここでは難しい。しかし、わいわい楽しむことができれば、日本語はあとからついてくると思っている。

また、親についてくる子どもも積極的だ。ゲームの時間にはすぐにルールを理解し、おとなを引っぱってくれる。親が楽しく頑張っている姿をみて、子どもは育つのだろうなあと実感した。クラブに来ている人たちはいろいろな事情を抱えている人も多いが、とにかくみなさん明るい！　学習者の熱意と明るさに、わたしを含めた支援者はパワーをいただいていた。

トッカビ発足当時の思いなど知る由もなかったわたしだけれども、トッカビは卒業生も含め、子どもたちがいつでも頼れる拠点だと思う。昔に比べて現在は変化している部分があるとしても、子どもたちのありのままを受け入れる場所であることに変わりはない。トッカビはおとなのわたしにも自信をくれた。はじめは居場所を感じられなかったトッカビ。しかしときめきクラブの活動を通し、わたし自身も変わることができた。不勉強なわたしのような人間がかかわってもいいのだと今は思う。むしろいろいろな人にトッカビという団体とその活動を知ってもらいたい。微微力ではあるが、わたしもわたしのできることを少しでもしていきたい。

第10章　オリニマダン、ウリカラゲモイムと八尾市の国際理解教育事業

鄭栄鎮

1　はじめに

本章では、「オリニマダン」「ウリカラゲモイム」と八尾市における「国際理解教育事業」についてあつかう。

第6章でもふれたとおり、「オリニマダン」「ウリカラゲモイム」は八尾教組との連帯・共闘関係によって実施されてきたものであり、現在はいずれも八尾市在日外国人教育研究会に引き継がれ、毎年開催されている。

「国際理解教育事業」はトッカビが要求してきた民族教育の公的保障と一般位置づけが具現化されたものであって、一見すればその制度的継続性が担保されたと考えることも可能であるが、脆弱な基盤のうえに存立しているともいえる。後述したい。

本章の構成である。まず、オリニマダン、ウリカラゲモイムのそれぞれの概要とその開催の経緯と

意義について検証する。ついで、これらの運営に欠かすことのできない生涯学習課分室（分室）と分室が担当・執行する国際理解教育事業の概要、事業内容についてのべていく。

2　オリニマダン

オリニマダンの概要

韓国朝鮮語で「子どものひろば」を意味する「オリニマダン」は、1981年、「八尾市に住む韓国・朝鮮人児童・生徒のためのサマースクール」として、名称のとおりに八尾市に住み、主に公立小・中学校に在籍する在日朝鮮人の子どもを対象に第1回が開催された。

小学生の部と中学生の部がそれぞれ開催されており、1986年に「オリニマダン」の愛称が付され、2003年に「多文化キッズサマースクール・オリニマダン」へと改称された。コロナ禍で2020、2021年は中止となったが、それ以外は1981年以降、毎年夏休み期間中に開催されている。

第6章でふれたとおり、オリニマダン、後述のウリカラゲモイムともトッカビ、八尾教組との教育実践における連帯・共闘関係を具現化したものだが、第1回の主催者は同イベント実施を目的とした市内小・中学校教員有志とトッカビによる実行委員会であり、後援団体に八尾教組が名を連ねていた。翌年の第2回からは八尾教組、民族教育推進委員会主催、八尾市教育委員会協賛となり、「文字どおり全市的な取り組みとして広がり始めた」とある。[1] 2003年に多文化キッズサマースクール・

オリニマダンへと統合されて以降は、八尾市在日外国人教育研究会（八尾市外教）と分室の共催で行われている。

オリニマダンは第1回の名称のとおり、当初は在日朝鮮人の子どもを対象とした取り組みとして行われてきたが、八尾市内で在日朝鮮人以外の外国にルーツを持つ子どもが増加したことなどから、国籍や地域にかかわらずそれらルーツを持つすべての子どもを対象とした取り組みへと発展している。その経緯であるが、1996年、それまで実施されてきたオリニマダンとは別途で、八尾市在日外国人教育研究会新たな渡日の子どもたちの教育の課題と国際理解教育部会、トッカビ子ども会の共催によるベトナムルーツの子どもを対象とした「ベトナム人児童・生徒のためのサマースクール」（サマースクール）が開催され、翌年には中国ルーツの子どもに対象が拡大されている（「中国人・ベトナム人児童生

写真1　第6回オリニマダン小学生の部（1986年8月1日）
撮影者不明　特定非営利活動法人トッカビ所蔵

徒のためのサマースクール」と改称）。以降、オリニマダンとは別途でのベトナム、中国の子どもを対象としたサマースクールの開催が３年続いたが、１９９９年に小学生の部のみ両者を同時に開催することとなり、「オリニマダン」「サマースクール」とイベント名称と呼びかけ対象がそれぞれ異なるものの、実質的には子どもたちが１箇所に集う一つのイベントとなった。２００３年に両者を完全統合することとなって、現在の名称となっている。[2]

２０２２年度（第41回）は、小学生の部で八尾市内全28小学校のうち21校から２００人近い参加があり、中学生の部では全15中学校のうち６校から50人近い参加があった。[3] 国籍・ルーツ別では、韓国朝鮮、ベトナム、中国など20近い数になる。

イベントへの参加は、各小・中学校に配置された八尾市外教の運営委員[4]より案内がクラス担任に配布され、担任より保護者に参加が呼びかけられる。保護者によっては自己のルーツを子どもに伝えていないこともあるが、担任などの学校教員によるねばり強い呼びかけによって、はじめて参加へとつながる子どももいる。

開催当初からしばらくの間は小学生の部、中学生の部とも夏休み中に各５日間程度実施されており、中学生の部は宿泊をともなう活動を実施していたこともあった。近年では小学生の部、中学生の部とも各２日間の活動であったが、２０２２年度はコロナ禍もあって小・中学生とも１日午前のみの活動となった。

活動内容である。小学生の部では、各校から「子ども司会」の希望を募り、その司会が各々の民族衣装をまとい、自己紹介や多言語を用いたゲームなどの進行を行う。中学生の部でも各校から「子ども実行委員会」を募り、司会だけではなくゲームなどの企画を練り、イベント当日は司会進行を担う。

小学生、中学生とも子ども司会、子ども実行委員会をつとめた子どもに対し、夏休み終了後に主催者からの感謝状が送られる。これは各所属校の全校児童・生徒が出席する児童集会・生徒集会や全校朝礼等で校長より授与されることもあり、つまり、このイベントに参加することは、子ども司会・子ども実行委員会とも、みずから外国にルーツを持つことを全校児童・生徒の前であきらかにすることにつながる。

司会、子ども実行委員以外ではなく、外国にルーツを持つ子どももこのイベントに参加することで、多くのピアグループとともに、学校ではふれることの少ない、みずからの民族ルーツを少なからず自覚することにつながっている。

オリニマダン開催の経緯とその意義

では、オリニマダンの開催の経緯についてみていこう。第1回開催当時、八尾市には約7000人の在日朝鮮人が暮らしていたという。これまで本書でふれてきたような在日朝鮮人の子どもをとりまく状況があるなか、「もう、こんな悲しみを次代の子らに受けつがせたくない」「私たちが流した涙を二度とひろわせてはならない」という思いからトッカビがうまれ、あわせて「市内の小・中学校においても、地道な、民族教育の実践が取り組まれ、着実にその輪が広がる中で、さらに、拡大・強化しなければならないという機運が生まれ」たことが開催へと至ったと要因とされている。[5] 第6章でふれたとおり、在日朝鮮人の子どもに対するトッカビでの実践と、それと同時並行的に行われてきた小・中学校での実践をさらに八尾市内にひろめていこうというねらいがあったということである。さらには、「市内に住む韓国・朝鮮人児童生徒が同じ仲間として集まり、自分たちの歴史と現実を知り、そして明日に向かって力強く生きる力を養うためサマースクールを開催」するともあり[6]、これも目的であった。

以上のねらいからはじめられたオリニマダンであるが、その第1回目の総括では「親も、子どもたちも、教師も、このような取り組みを心から求めていた（略）。子どもたちは、自分の本名を胸を張って名のり、自らの民族を誇れる場を求めていた。親も、教師も、子どもたちが卑屈にならず、自分自身に自信を持てるような仲間集団を求めていた。

写真2　第41回多文化キッズサマースクール・オリニマダン 小学生の部（2022年8月3日）
筆者撮影（一部加工あり）

その要求にピタリと合った行事だった」[7]とある。

後年になるが、子どもの感想である。「私は、このサマースクールで初めて朝鮮人、韓国人の仲間に会いました。私は何となくほっとした感じがしました。女の子たちとすぐ友達になったし、今回のサマースクールはすごく、来て良かったなぁと思いました」（1984年、中学1年生）[8]、「オリニマダンに参加して、八尾にはたくさんのかん国人・朝鮮人がすんでいるんだなあと思いました。かん国人や朝せん人はもっと少ないと思っていました」（1986年、小学5年生）[9]、「オリニマダンに参加し、八尾にはたくさんのかん国人・朝鮮人がいるということをしりました」とある（1986年、小学6年生）[10]。これらの感想からは、子どもたちは在日朝鮮人が八尾市で多数暮らしていることすら知らなかったことが理解できる。また、オリニマダンを広報した『やお市政だより』には、「初めて自分が韓国・朝鮮人であるという自覚を持った子、市内にこんなにたくさんの仲間がいると知った子、なぜ自分たちが日本に住んでいるのか、その歴史を学んだ子が、さまざまなおどろきと、喜びの中で自信と勇気を貯えていっている」とある[11]。

繰り返しになるが、上述の「八尾にはたくさんのかん国人・朝鮮人がいるということをしりました」との子どもの感想であるが、実は現在も同様のことが続いている。2022年に小学生の部に参加した子どもであるが、八尾市内に外国にルーツを持つ子どもが多くいることを知らなかったという感想をのべていたことを筆者は引率の教員より直接聞いた。「外国人」の集住地域に暮らしている場合とは異なり、外国にルーツを持つ子どもが持つ孤立感は約50年前から現在に至るまで変化がないといえるが、一方では、長年の実践にもかかわらずこのような感想が出ることは実践の敗北ともいわれかねない。しかし、だからこそ、子どもたちの孤独感をなくし、「自信と勇気を貯え」るためにも、多くのピアグループが集うこのような取り組みがまだ必要でもある。

3　ウリカラゲモイム

ウリカラゲモイムの概要

ついで、「ウリカラゲモイム」である。ウリカラゲモイムは韓国朝鮮語で「われわれのリズムの集まり」を意味し、イベントの正式名称は「民族文化フェスティバル ウリカラゲモイム」である。第1回のオリニマダンが開催された翌1982年、「フェスティバル 韓国・朝鮮の歌とおどり」として第1回が開催され、1986年に「ウリカラゲモイム」の愛称が付されている。1991年の第10回において、それまでの韓国朝鮮文化のみの発表からベトナムルーツの子どもの発表が行われることにともない「アジア民族文化フェスティバル ウリカラゲモイム」と名称がかわり、1992年に現在の名称となった。1982年以降、コロナ禍の2020年、2021年をのぞき毎年開催されており、オリニマダンと同じ八尾市外教が現在の主催者であり、分室が運営に全面協力したうえで実施されている。

オリニマダンはいわば交流会であるが、ウリカラゲモイムは発表会である。八尾市内には小学校10校、中学校6校に合計27の「民族クラブ」が設置されている。[12] 民族クラブの詳細については後述するが、外国にルーツを持つ子どもたちがオリニマダンに参加し、八尾市内に同じ立場の子どもが多数存在することを知ったとしても、学校に戻ると先の引用のようにそのような子どもが一人しかいないということもあれば、自分一人しかいないと思っていることもある。このような状況から、学校内での外国にルーツを持つ子どもどうしのピアグループづくりをすすめ、子どもたちのルーツに対する肯定感、エンパワメントを高めることがそのねらいの一つとしてある。クラブによっては、外国にルーツを持つ子どものみを対象としたものもあれば、日本人の子どもと外国にルーツを持つ子どもが一緒になって参加したクラブもある。伝承遊びや多言語を用いた遊び、民族楽器演奏、民族舞踊の練習などがその活動の内容であるが、これらの成果発表の場が「ウリカラゲモイム」である。

第41回となった2022年度の開催では、小・中学校計16校から25の民族クラブによる楽器や踊りなどの民族文化や劇の発表や、先の中学生オリニマダンの子ども実行委員会による開催報告が行われた。開催に先立ち、八尾市長、八尾市教育委員会教育長が来賓として参加し、祝辞をのべている。

ウリカラゲモイム開催の経緯とその意義

ウリカラゲモイム開催の経緯をみてみよう。その前段階にあったのがオリニマダンである。「第一回サマースクール（81年）に初めて取り組んだ（略）第二回サマースクール（82年）後、参加した子供達が、更に連帯の輪を強め、民族的自覚を高める為に、フェスティバルを企画した」という。[13]

現在のウリカラゲモイムは、日本人の子どもも含めた民族クラブの発表の場であり、わかりやすい「多文化」の発表の場としての傾向が強いが、開始当初は在日朝鮮人の子どもの「民族的自覚を高める」ことが目的であったことが引用からはわかる。

また、「フェスティバルに出演することは、朝鮮人宣言であり、朝鮮人として生きぬく決意の場でもある。更に、出演できなかった朝鮮人にとっても、目前で頑張る同胞と向き合うことで、より多くの感動が生まれ、民族的自覚も高まってきた。鑑賞する日本人にとって、朝鮮の歌やおどり、劇を見ることで、朝鮮に対して正しい認識が芽ばえた。更に、同じ学校の児童に『ガンバリや！』という一言を言わせた事は、今後、共に手を取り合い連帯へと立ち上がっている一過程になった」ともある。[14]

つまり、子どもたちの朝鮮人としての立ち上がりをめざした場であるとともに、日本人の子どもがそれを支える。そのような関係性を民族文化の発表を通じて行う場、それがウリカラゲモイムなのである。[15]

さらには、この場での発表をねらいとして、民族クラブが設置されていない学校に設置を促すこ

写真３　第２回 フェスティバル 韓国・朝鮮の歌とおどり（1983年12月３日）
撮影者不明　特定非営利活動法人トッカビ所蔵

ともあれば、民族クラブに参加していない在日朝鮮人の子どもに参加を促すきっかけをつくることも可能であり、すなわち、八尾市における在日外国人教育の底上げにつながる／つなげるためにこそこのウリカラゲモイムがある。第1回開催時の出演団体数は11であったが、41回では16校25クラブ、1団体の出演と増加している。出演数の増加は、ウリカラゲモイムが八尾市の学校教育の現場において在日外国人教育の実践の場として根づいていることのあらわれである。

もっとも、先の引用にあるように、ウリカラゲモイムの当初の目的は「フェスティバルに出演することは、朝鮮人宣言であり、朝鮮人として生きぬく決意の場でもある」とあるとおり、みずからの民族的ルーツをあきらかにする場としての機能にあった。つまり、朝鮮人の子どもが自己を卑下することなくみずからの民族的ルーツを受けとめ、日本人との対等な関係性へと移行する。あるいは、朝鮮人と日本人とが互いに支えあえるような関係性をむすぶ。これこそが、ウリカラゲモイムの機能として期待されるものである。

4　国際理解教育事業

国際理解教育事業の経緯

オリニマダン、ウリカラゲモイムとも、八尾市外教と運営にあたっているのが分室である。分室はトッカビが長年要求してきた民族教育の公的保障とその一般施策化が具現したものであり、八尾市の「国際理解教育事業」の任にあたる部門である。

トッカビが要求してきた民族教育の公的保障と一般施策化についてである。第7章でもふれたとおり、トッカビなどによる運動の結果、トッカビが行う教育事業は1981年に「安中青少年会館分室」として位置づけられることとなり、活動拠点もそれまでの八尾市立安中解放会館敷地内にあったプレハブから八尾市立安中青少年会館の横に設けられたプレハブに移転することとなったが、その位置づけと移転はあくまでも同和対策の枠内で行われたものであった。トッカビが求めてきた民族教育の公的保障とは同和対策として時限的に行うものでなく、一般施策として永続的に実施することであった。つまり、安中青少年会館への行政的位置づけの獲得とプレハブ移転は、八尾市が運動の要求の結果、緊急避難的に同和対策として位置づけられたといえ、その継続性が担保されたものではなかった。したがって、第6章でふれたとおり、トッカビは八尾教組などと連帯・共闘しつつ、「八尾市在日外国人教育基本指針」が策定されたあとも民族教育の公的保障を継続して市当局に要求していった。

そして、その長年の要求は2002年に結実することとなる。安中青少年会館横での公立福祉施設の建設計画にともなう移転補償を求めた八尾市役所前での5日間にわたる座り込み闘争の結果、八尾市はトッカビの教育事業の移転要求を受けいれ、それら業務とたずさわる人員は市中心部に設けられた執務室へと移転することとなった。1995年の座り込み闘争から7年後の移転となったが、安中地域からの移転、すなわち安中地域から業務と人員が離れることによって、その教育事業は教育委員会に引き継がれ、一般施策化をはたすこととなった[16]。行政機構は八尾市立安中青少年会館分室から八尾市教育委員会生涯学習部生涯学習推進室（当時）へと移行され、市の機構改革により2023年現在「八尾市教育委員会事務局生涯学習課分室」となって国際理解教育事業の業務にあたっている。

したがって、後述するが、分室が現下実施する国際理解教育事業は八尾市の行政施策の一環として行われているのはたしかであるが、他方では、トッカビによってうみだされた事業であり、かつ、トッカビやトッカビにかかわってきた多くの人びとの思いが濃密に刻みこまれていることもたしかなのである。

国際理解教育事業の概要

分室が実施する国際理解教育事業は、オリニマダン、ウリカラゲモイムといった年1回のイベントだけではなく通年で実施する事業もあり、大きく「異文化ルーツ子ども育成事業」「多文化理解講座事業」「学校教育サポート事業」の3つに区分されている。それぞれの事業についてみていこう。

異文化ルーツ子ども育成事業である。これはトッカビが実施してきた子ども会活動を実質的に継承したものであり、オリニマダンも含まれている。

対象は外国にルーツを持つ子どもであり、その子どもたちが「自分たちのルーツを否定せずに肯定的にとらえ、ゆたかなものと感じとることができ、かつ、いろいろなちがいを受け入れることができる」ことを目的として実施されている[17]。

活動は、小学生低学年を対象とした「低学年部」、同高学年を対象とした「高学年部」があり、これらには「多文化キッズクラブ」の名称が付されている。中学生対象では教科学習会を実施しており、これは「多文化ユーススクェア」の名称で行われている。小学生、中学生とも週1回で実施しており、夏休み等の長期休暇期間には別途活動日が設けられている。

多文化理解講座事業は市民を対象としており、「地域に暮らす外国にルーツを持つ人々と日本人との相互の理解をはかり、地域というミクロの地点からの共生を志向」したものである[18]。ウリカラゲモイムはこの事業に含まれており、他には子どもを対象とした海外の民族文化を紹介する遊び活動や、市民を対象とした韓国朝鮮の楽器サークル、韓国語講座などが通年で実施されている。

3つめの学校教育サポート事業である。これは各学校に設置された民族クラブの指導等のサポートにあたるものである。民族クラブをあらためて説明すると、先述のとおり各学校で外国にルーツを持つ子どもどうしのピアグループづくりをすすめることや民族的アイデンティティ・自尊感情の醸成などに加え、日本人の子どもが外国にルーツを持つ子どもたちとともに、多文化にふれ親しみ、相互の理解を促進するための活動である[19]。

これらのクラブのうち、分室では小学校8校、中学校3校に設置された韓国朝鮮文化にかんする民族クラブに出向き、活動プログラムの立案や指導などのサポートにあたっている[20]。民族クラブの実施は学校によって教育課程内か教育課程外かが異なるがおおむね週1回程度で放課後に実施され、多言語を用いた遊びや伝承遊び、民族楽器演奏、民族舞踊の練習などが行われている。これらの成果発表の場が先述の「ウリカラゲモイム」である。なお、民族クラブは学校がその判断で設置したものであり、分室はサポート役であってその主たる責任は学校にある。民族クラブ設置校にはクラブ担当教員が兼任で配置されており、分室の各校を担当する職員と協力してクラブ運営にあたっている。

民族クラブ、あるいは民族学級は八尾市外の大阪府内各小・中学校にも設置されている。しかし、八尾市小・中学校の韓国朝鮮の民族クラブでは朝鮮半島にルーツを持たない子どもであっても希望すれば参加が可能であり、それは先述のとおり、朝鮮半島にルーツを持つ子どもは自文化、継承文化を学び、日本人の子どもは他文化・多文化を共に学び、共に生きる関係をつくるということがめざされているからである。

なお、民族クラブの実施にあたっては、教育委員会より少額ではあるが予算が各校に配当されている。毎年、年度当初には実施にかんする事務手続きなど制度の説明会が各校のクラブ担当教員を対象に実施される。説明会では「八尾市在日外国人教育基本指針」の説明と、外国にルーツを持つ子どもたちの民族的アイデンティティの尊重や自尊感情の醸成がクラブの目的であり、かつ、活動の前提だと周知されている。

以上、国際理解教育事業についてのべてきたが、これらを担当する分室に所属する職員は6人であり、うち5人が在日朝鮮人でほぼトッカビにかかわりのある者たちである。もっとも、職員は全員が会計年度任用職員であって正職員は配置されていない。これは、安中青少年会館に位置づいていた時期からまったくかわっていない。トッカビが求めてきた民族教育の公的保障は一定程度実現したといえるが、一方では、それにたずさわる者たちの雇用はきわめて不安定である。その脆弱な雇用のあり方が今後の国際理解教育事業の展開に大きな足枷となる可能性がないとはけっしていえない。

5 おわりに

本章では、オリニマダン、ウリカラゲモイムの経過と概要にふれ、トッカビの教育事業を継承した八尾市の国際理解教育事業の経過と概要についても検証してきた。これまでのべてきたとおり、オリニマダン、ウリカラゲモイムとも年1回のイベントではあるが、いずれも外国にルーツを持つ子どもを主軸とした実践がめざされており、かつ、ウリカラゲモイムでは外国にルーツを持つ子どもと日本人の子どもとの対等な関係性や、両者がたがいに支え合えるような関係性をむすぶことがその機能としてある。

国際理解教育事業は、トッカビが求めてきた民族教育の公的保障と一般位置づけが一定程度実現したものであるが、一方では職員全員が非正規雇用であり、脆弱な基盤のうえに成り立っているのは否めない。

最後に、八尾市の在日外国人教育において国際理解教育事業がはたす役割はきわめて大きい。これをどう展開、発展させていくか、あるいは残された課題をどう解消していくか。今後も注視が必要である。

脚注

1　八尾市に民族教育を保障させる連絡会（1984）『サマースクールに参加して 1984 8・1〜5 かんそうぶんしゅう』、特定非営利活動法人トッカビ所蔵資料。

2　オリニマダン中学生の部は、小学生の部がサマースクールと同時開催となって以降も在日朝鮮人の中学生のみを対象に実施され、ニューカマーの中学生は対象外であった。２００３年にサマースクール、オリニマダンが完全統合される際に、小学生の部、中学生の部とも対象がすべての外国にルーツを持つ子どもへと拡大された。

3　八尾市内全小学校数は義務教育学校前期課程を含む。全中学校数は義務教育学校後期課程を含み、夜間学級は含まない。

4　八尾市外教運営委員は各小・中学校に1人ずつ配置されており、各校の教員が授業や他の学校業務を兼ねながら任にあたっている。

5　前掲『サマースクールに参加して１９８４8・1〜5かんそうぶんしゅう』。

6　大阪府八尾市役所（１９８３）『やお市政だより』７２４号、八尾市、3頁、１９８３年7月5日。

7　トッカビ子ども会（無記名）（１９８１）「資料'81八尾市に住む韓国・朝鮮人児童・生徒のためのサマースクール etc 統一行事」、特定非営利活動法人トッカビ所蔵資料。

8　前掲「サマースクールに参加して１９８４8・1〜5かんそうぶんしゅう」。

9　八尾教組教育ひろば実行委員会（１９８６）「１９８６年度 第6回オリニマダン（子どもの広場）在日韓国 朝鮮人児童生徒サマースクール 感想文集」、49頁。

10　引用元の本文中ではいずれの感想とも学校名と実名が記載されている。

11　大阪府八尾市役所（１９８６）『やお市政だより』７９７号、八尾市、6頁、１９８６年7月20日。

12　中学校夜間学級を含む。

13 八尾市教組・在日朝鮮人専門部会（１９８４）「第一回フェスティバル韓国・朝鮮の歌とおどり」、全国在日朝鮮人教育研究協議会『第５回全国在日朝鮮人教育研究集会資料 在日朝鮮人教育運動と実践の発展をめざして』、１９７-２００頁。

14 同資料。

15 「フェスティバル 韓国・朝鮮の歌とおどり」の実施をきめた八尾市教職員組合の執行委員会では、「出演する子らは、在日コリアンの子どもたちだけれど、これを励ます空気をもし学級・学年や学校でつくる事ができれば、市民ホールでは間に合わないくらい大勢の人が集まる」との議論があり、実際に「消防署から叱られるほどの大盛況になりました」とある（樋口浩（２０００）「私と在日外国人教育、そしてこれから思うことPART II」、トッカビ後援会『トッカビ』96号、６頁）。

16 市中心部への移転の際、それまで混在していたトッカビの教育事業と運動の機能を分離し、運動の機能はＮＰＯ法人へと移行し、現在へと至っている。

17 八尾市教育委員会生涯学習課分室（２０２２）『２０２１（令和３）年度 国際理解教育事業 事業報告』、６頁。

18 同資料１頁。

19 同資料13頁。

20 学校によっては中国、ベトナムの文化を学ぶ、それぞれのルーツの子どもを対象とした民族クラブや、すべての子どもを対象とした国際理解のクラブなどもある。

第11章　八尾市の多文化共生施策

冨田貴之

1　八尾市における多文化共生推進の経過

外国人市民が日常生活を送るうえでは、言語・文化・生活習慣・制度の違いや偏見などから生じる問題も少なくなく、そのような課題に対応するため、八尾市では、トッカビのような外国人支援団体や関係機関と連携し、これまで外国人支援や啓発等を行ってきた。

１９９０年８月には、外国人市民の交流拠点となる八尾市国際交流センターが大阪府内でも早期に設立され、地域に根差した人的交流や異文化理解を目的とした事業をすすめる拠点となった。

２００３年６月には、本市の国際化施策を総合的・効果的に推進するために「八尾市国際化施策推進基本指針」を策定、翌年３月には、この指針にもとづき、具体的に推進していくために「八尾市国際化施策推進計画」（２００５年度～２０１３年度）を策定し、地域で暮らす外国人市民との共生にむけた施策や、海外との交流や協力など国際化にむけた取り組みをすすめてきた。

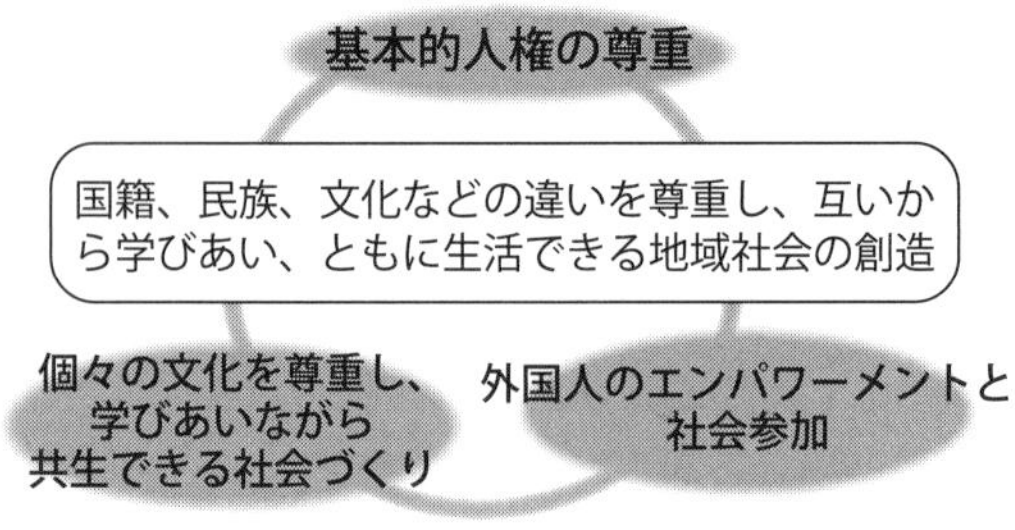

基本的人権の尊重

国籍、民族、文化などの違いを尊重し、互いから学びあい、ともに生活できる地域社会の創造

個々の文化を尊重し、学びあいながら共生できる社会づくり

外国人のエンパワーメントと社会参加

基本理念と3つの基本視点

２０１４年3月には、日本で生活する外国人の増加を受け、国の方向性が、これまでの姉妹都市提携や外国人観光客や留学生の受けいれといった「国際化施策」から、外国人住民を地域住民がいかに受けいれ、共に生きていくかという「多文化共生施策」へとシフトしてきたことから、本市でも「国際化施策」から「多文化共生」へと名称を変更、施策の具体的な方向性や内容を示した「八尾市多文化共生推進計画」（２０１４年度～２０２０年度）を策定した。この計画が、計画期間最終年度を迎えるにあたり、２０２０年度には、現計画となる新たな計画を策定することとなった。

本市では２００３年６月に策定された「八尾市国際化施策推進基本指針」から現計画までの間、基本理念「国籍、民族、文化などの違いを尊重し、互いから学びあいともに生活できる地域社会の創造」と、３つの基本視点「基本的人権の尊重」「個々の文化を尊重し、学びあいながら共生できる社会づくり」「外国人のエンパワーメントと社会参加」は継承して施策をすすめている。これは、社会の変化によって、外国人市民をとりまく状況が大きく変わっても、この基本理念と３つの基本視点は、多文化共生を推進するうえでは必要不可欠なものであるとの考えからで、今後も大切にしながら、多文化共生施策をすすめていく。

2 八尾市外国人相談窓口の拡充

「特定技能」創設にともなう国の支援策の実施

国では、少子高齢化と労働力不足の深刻化を背景に、2019年4月には改正出入国管理及び難民認定法を施行して、「特定技能」という新たな在留資格を設け、外国人への門戸を大きくひろげることになった。国は、これにあわせて「在留外国人が生活・就労等に関する適切な情報に速やかに到達できるための情報提供・相談を行う一元的相談窓口の整備」を行う自治体を対象として「外国人受入環境整備交付金」により、支援することとなった。

相談窓口運営における課題

本市では、国が相談窓口の整備支援を行うより以前に、週4日のベトナム語相談窓口、週1日の中国語、韓国・朝鮮語の相談窓口を運営してきたところであるが、外国人市民の増加にともない、いくつかの課題が浮き彫りとなってきていた。

1つめが、「対応エリアの拡大」である。本市の企業で働く技能実習生や、家族を連れて日本に働きに来ている外国人など、新たに八尾市を生活の拠点とする外国人も増えたことから、相談対応は集住エリア以外でも必要なものとなっていた。

次に「外国人市民の多国籍化」である。以前は、韓国・朝鮮籍、中国籍、ベトナム籍の外国人市民が多かったが、その他、フィリピン、インドネシア、タイ、ネパール、ブラジル等の方も増加傾向にあることで、ベトナム語、中国語、韓国・朝鮮語の3言語では対応できない相談も発生してきた。

最後に「相談ニーズの増加」である。新しく八尾市で生活する外国人市民の増加に加え、これまで生活していた外国人市民の高齢化やライフスタイルの変化にともない、相談ニーズが高まっており、十分な対応ができているとはいえない状況となっていた。

相談窓口の再整備

前述の相談窓口における課題の解決をはかるとともに、外国人にとってより利便性の高い相談窓口となるように、外国人相談窓口の再整備をはかることとした。

まず、「対応エリアの拡大」に対応するため、外国人集住地域に設置していた2箇所の相談窓口に加えて、市の相談事業を束ねる「基幹窓口」を新たに設置し、3箇所に増設することとした。基幹窓口は、市と共に多文化共生・国際理解の推進を担う公益財団法人八尾市国際交流センターに委託した。八尾市国際交流センターは、八尾市の中心に位置する生涯学習センター内にあることから、交通の便を考え、八尾市国際交流センターとなりに相談窓口を設置することとした。既存の窓口は「サテライト窓口」と位置づけ、基幹窓口と連携することで、市全体として相談体制の拡充をはかった。

「外国人市民の多国籍化」に対応するためには、既存のベトナム語、中国語、韓国・朝鮮語の3言語に加え、基幹窓口に英語、タイ語に対応できるよう相談員を配置した。これにより、八尾市外国人相談窓口では、前述の5言語にやさしい日本語を加えた6言語で対応できるようになり、さらにそれ以外の言語での相談は、翻訳機を使って行うこととした。

「相談ニーズの増加」に対応するためには、基幹窓口を設置するだけではなく、既存のサテライト窓口の相談員も増員し、対応できる日時等を増やした。具体的には中国語の相談を週1日から週4日に、ベトナム語の相談を週4日から週5日に、さらに1日に複数の相談員が対応する日もつくることで、より多くの外国人市民からの相談ニーズに応えられるようにした。

相談窓口の拡充

新たな体制による相談窓口の運営は、2019年12月より開始しているが、2020年1月頃から、新型コロナウイルス感染症の感染者が報告され、わずか数カ月ほどで感染が一気に拡大し、外

八尾市外国人相談窓口（基幹窓口）

国人市民の生活にも大きな影響をおよぼしたことから、一概にそれまでと比較して拡充の効果をはかることはできなくなってしまっている。ただ、月平均80件程度であった相談件数が翌年には月平均190件と倍以上になったこと、新型コロナウイルス感染症により、これまで以上に不安な思いを抱えて本市での生活をする外国人市民の医療や健康の相談に多く対応できたことから、拡充の効果は十分にあったものと考えている。今後も、外国人を雇用している企業や外国人留学生の通う大学、そのほか外国人とかかわる関係機関との連携等、周知の幅をひろげていき、より多くの外国人に利用される親しまれる相談窓口をめざしていく。

3　第2次八尾市多文化共生推進計画（2021年度～2028年度）

計画策定にあたって

この計画は、前計画の「八尾市多文化共生推進計画」の計画期間が2021年3月に終了することから、国の外国人にかかわる政策の動向や外国人市民の増加と生活実態やニーズの多様化をふまえて、2020年度に策定したものである。前述の外国人相談窓口の拡充が2019年の話であり、国も「外国人材の受入れ・共生のための総合的対応策」を発表したほか、総務省の「地域における多文化共生推進プラン（2020年9月）」を14年ぶりに改訂するなど、多文化共生推進の動きが高まってきているなかで策定はすすんでいる。

本計画の策定にあたっては、地域住民や外国人市民の意識やニーズを反映した計画にするため、八尾市に住む外国人市民の現状を分析・把握するだけではなく、トッカビや公益財団法人八尾市国際交流センターなどの外国人支援団体、外国人市民コミュニティ、外国にルーツのある子どもたちの通う学校、夜間中学校、外国人技能実習生を雇用している企業、外国人集住地域の住民などへのヒアリングを行った。また、外国人市民情報提供等ニーズ調査も実施した。

当事者団体、支援団体等へのヒアリング

ヒアリングは、2020年8月6日から10月13日までの約2カ月間に10団体を対象に実施した。主なヒアリング項目は、いまの状況や最近の変化、課題に感じていること、支援してほしいと思っていること等で、かなり幅広い話を聞くことができており、その内の一部を抜粋したものが、後述のとおりである。計画書の中には28ページから29ページにかけて「今後取り組むべき課題」として、ヒアリング内容がまとめて記載されている。

〈外国人コミュニティ〉

・同じ国籍ではあっても、出身地域によって方言による言葉の違いもあるため、コミュニケーションが難しい。世代の幅の拡がりも、まとまりを作ることが難しい一因となっている。

・コミュニティの担い手が不足している。以前は、両言語話せる人が、日本人と外国人コミュニティの仲介役になってくれていた。

・日本人側から、行事に参加してほしい、役員になってほしい、等のアプローチはほとんどない。

「話しても無駄」「わかってもらえないだろう」という雰囲気を強く感じるため、外国人側に積極性は生まれにくいと感じる。

・近隣トラブルでは、直接注意するよりも先に警察や行政を呼ばれることがあり、そのことで隣人との関係性が悪くなっていることが多い。一度は直接、注意をしてあげてほしい。

〈外国人支援団体〉

・外国人が増加しているため、ボランティア等の関わってくれる人たちを増やしていく必要がある。

・本当に困っている人に情報が届けられるよう周知方法には工夫がいる。

・もっと地域と関わりをもてるようにしていきたい。

〈技能実習生の雇用企業〉

・外国人雇用にとって、1期生の受入れが成功するかどうかが鍵となっている。その国の習慣に配慮は必要であるが、2期生以降の受入れは容易になる。

・個人差はあるが、1期生は日本語や仕事について、他に頼ることができないことから努力しやすい環境にある。逆に受入れがすすむと、日本語が話せなくても先輩が通訳してくれる状況になり、日本語の学習意欲は低下傾向にある。日本語学習の支援等をしてくれるとありがたい。

・技能実習生に日本で生活する同じ国の人たちと関わりをもってほしいとは思えない。仕事に対する姿勢など、生活態度にも違いがあり、悪影響を受けてしまわないか不安である。ただ、地域での関わりはもってほしいと思っているので、お祭りなどには参加させてあげたい。

・住環境を整えてあげたいと思っているが、技能実習生本人が、お金をかけたくないと希望するため、一軒家にたくさんで生活する形になってしまう。

〈**夜間中学校**〉

・義務教育を修了しないまま学齢を経過した人しか受入れはできないが、人数的には受入れ可能である。もっとたくさんの人に存在を知ってほしいと思っているが、周知は難しい。

・健康や仕事のこと等も相談を受けることがあり、外国人にとって必要な場所であると思う。

・学習以外にも日本での生活について理解してもらうことを大切にしている。そのため、交通安全教室や避難訓練、校外学習などの行事を行っている。

〈**地域の日本語教室**〉

・元教師など日本語学習支援者として活躍の場を求めている人材は探せばいると思う。

・参加率をあげるためには、通いやすさが最も大事であるため、日本語の学習機会を増やすことが大切である。

〈**外国人集住地域の住民**〉

・外国人市民が転入してきても把握できない。住んでいることを教えてもらえれば、情報を伝えるぐらいのことはできると思う。

・近隣トラブル等が発生してから、はじめて外国人住民の存在を知る場合が多い。トラブルになってからでは関係修復が大変である。

・町会や地域行事に参加してくれる人は国籍にかかわらず少なくなっている。参加することにメリットを感じてもらえる工夫が必要である。

・外国人市民どうしの付き合いは日本人どうしよりも強く、日本人と交流を持とうとする人は少ないように感じている。以前は、この人に連絡をすれば他の外国人市民にも伝えてくれる、という存在がいたが、今はわからない。

外国人市民情報提供等ニーズ調査

外国人市民情報提供等ニーズ調査は２０２０年5月から11月中旬まで、約半年間をかけ、八尾市に居住する18歳以上の外国人市民１０８人を対象に実施している。対象者については、八尾市の外国籍を有する市民の国籍別、在留資格別の割合に準じて選定を行っている。日本語能力や生活に必要な情報の入手方法、必要としている情報の内容、生活環境に対する意識やニーズの把握が目的のため、日本語によるコミュニケーション能力が十分でない外国うまれの外国人市民を主な対象としており、母語による対面ヒアリングにて、直接、声を聞くことを可能にしている。また、前述した項目に加え、差別や偏見を感じた経験についても調査するため、日本うまれである韓国・朝鮮籍の方も対象に含め、実施している。

調査項目は全部で35項目あり、広範囲におよぶものであるが、その内の一部を抜粋したものが、後述のとおりである。計画書のなかには21ページから27ページにかけて「外国人市民情報提供等ニーズ調査の結果」として、調査内容がまとめて記載されている。

〈日本語能力〉

外国うまれの回答者の日本語能力は「読み書きができる」「少しできる」と答えた人は45％となっている。この結果、一般的な日本語による情報提供だけでは内容が十分に理解されていない可能性があるため、多言語ややさしい日本語、イラストや動画などわかりやすい情報提供をひろげていくことが必要である。

〈情報の入手経路〉

回答者が生活に必要な情報を入手する経路としては「インターネット」と「日本人以外の友人・知人（つまり口コミ）」が13％でもっとも多く、次に「日本語のテレビ・ラジオ・新聞・情報」が11％、「ＳＮＳ」が10％と続いている。翻訳ソフトが普及しており、またＳＮＳで情報共有がされている機会が多いことから、インターネットやＳＮＳを活用した情報発信が有効であると考えられる。

〈とくに情報を必要とする分野〉

生活するうえで、とくに情報を必要とする分野としては「保健・医療」が16％ともっとも多く、次いで「教育・育児」「福祉」が12％となっている。これらの暮らしに身近な制度やサービスについては、諸外国と異なっていることも多くあることから、日本で新たに生活をはじめたはやい段階で、制度の概要を把握できるような情報提供が必要である。

〈差別や偏見を感じた経験〉

過去5年間に差別や偏見を感じたこととしては、外国うまれの回答者では「職場や学校の人が外国人に偏見を持っていて、人間関係がうまくいかなかった」が23％でもっとも多く、次いで「職場・学校で外国人であることを理由にいじめを受けた」が20％となっている。

一方、日本うまれの回答者では「名前が日本風でないことによって嫌がらせを受けた」が29％ともっとも多く、次いで「『外国人に見えないから大丈夫』など、外国人であることが良くないことのように言われた」が25％となっている。外国うまれの方と日本うまれの方とで差別や偏見を感じた経験に違いがあることを理解したうえで、差別や偏見をなくすための取り組みが必要である。

〈外国人を排除するなどの差別的なデモ、インターネットでの書き込み〉

日本に住む外国人を排除するなどの差別的なデモ、街頭宣伝活動、ビラ・チラシ、インターネットでの書き込みなどを見たり、聞いたりしたことがあるかという質問に対しては、「インターネットで見た」が外国うまれの人48％、日本うまれの人35％と、最も多く、次いで「テレビ・新聞などで見た」が外国うまれの人14％、日本うまれの人30％となっている。また「直接見た」と答えた人も外国うまれの人24%、日本うまれの人21%となっていることから、ヘイトスピーチの解消にむけ、周知や啓発等の取り組みが必要である。

第2次八尾市多文化共生推進計画

前述したヒアリングや調査から課題を抽出し、それらに対応するために実効性の高い施策を挙げたものが「第2次八尾市多文化共生推進計画」となっている。この計画では、基本理念を「国籍、民族、文化などの違いを尊重し、互いから学びあいともに生活できる地域社会の創造」とし、「コミュニケーション支援」「外国人市民が生活しやすい環境づくり」「外国人市民も活躍できる多様性を認め合う地域づくり」の3つの基本目標を掲げている。前計画と比較して新たに追加された取り組みとしては次のようなものがある。

・庁内や市民に対するやさしい日本語の普及支援
・SNS等を活用した多言語情報の発信
・外国人市民に配慮した避難所の整備
・就学前の子ども・保護者向けプレス

第2次八尾市多文化共生計画（本編表紙）

クールの実施
・外国にルーツを持つ子どもたちに対するいじめへの相談対応
・異文化・多文化理解のための子ども向けプログラムの開発と講座
・多言語対応できる病院・薬局についての情報提供
・市立病院での多言語対応
・働きたい外国人市民への就労支援
・国際理解教育のための教材などの充実
・インターネット上での差別に対する取り組み
・ヘイトスピーチに対する取り組み
・多言語対応できる人権相談窓口の周知
・外国人市民が地域活動に参加しやすい環境づくり　等

計画の進行管理

社会状況の変化などを考慮し、取り組み内容の見直しが必要になることもあるため、各施策に掲げた取り組みの着実な推進をはかるためには、取り組みごとの進捗状況の確認が必要である。本市では、八尾市外国人市民会議を計画の進行管理の場として、会議のなかで、その結果を共有し、意見を求めるほか、委員が考える提案を受けることとしている。

4　八尾市外国人市民会議

八尾市外国人市民会議は、外国人市民にとって住みよいまちづくりをすすめるために、外国人市民の意見を市政に反映することを目的として、２０１１年度に本市に設置された会議である。委員は10名で学識者と当事者である外国人市民、トッカビなどの外国人支援にかかわる団体から組織されており、基本的に年２回開催されており、第２次八尾市多文化共生推進計画策定時にも内容について検討いただき、意見をうかがっているものである。

八尾市外国人市民会議では、これまでも多言語情報誌の配付先の拡充や災害時多言語支援センター設置の検討、多言語の母子健康手帳の交付方法の改善、子育てチャートリーフレットの作成、情報発信方法に対する検討等、多岐にわたる課題についてよりよくするためのアイデアについての提案をいただいており、それらを反映することで本市の多文化共生施策の取り組みの充実につなげている。

今後も取り組みの推進にあたっては、八尾市外国人市

八尾市外国人市民会議の様子

民会議と連携し、外国人市民の生活の利便性向上、地域住民との共生など、本市の多文化共生施策推進に関する事項について意見を求め、外国人市民と日本人市民双方にとって住みよいまちづくりをすすめていきたい。

コラム5　活動にかかわって

金由香

私がトッカビ子ども会と出会ったのは小学4年生から5年生の頃。「たこちトッカビ」の近くに住む在日の同級生が誘ってくれたのがきっかけだった。どんな活動をしたかはもう記憶にないが、家族、親戚、同級生以外の在日の人に、わざわざ「在日ですよ」と互いにオープンにしあって出会ったのは、たぶんこの時がはじめてだったと思う。

それから、小学校の民族クラブやオリニマダン、ウリカラゲモイムに参加し、民族名を名のったりするようになった。

私が在日コリアンであることで、民族クラブやトッカビの活動に参加できるということは、他の友だちには体験することのできないとても特別なことであって、友だちと自転車を漕いで校区を越えてよく「トッカビ本社プレハブ」に通ったものだ。

中学高校と進学するにつれ、社会科で学習する歴史的な出来事、道徳や民族クラブで知ることになる就職差別や結婚差別等、「自分には関係ない」「昔の話」だと思っていたことが、これからの自分の未来に降りかかってくるんじゃないか？　とうっすら思いかけてきた時期に、トッカビには親世代とは違う年の近い在日コリアンの先輩がたくさんいるというこの状況が心地よかった。
　高校生の頃には夏休みにアルバイトとして、トッカビのスタッフを体験した。オリニマダンで子どもたちに追いかけ回され、もみくちゃになり、かっこよく着ていたはずのパジチョゴリもぐちゃぐちゃになってしまい、クタクタになったことだけうっすらと覚えている。

　私がスタッフとなり活動にかかわるようになった頃は、私の子ども時代とは変わり、ベトナムルーツや中国ルーツの子どもたちもたくさんいることに驚いた。どのような経緯で日本に暮らすようになったのか、背景を知る学習会や、各家庭の状況、子どもたちの個性、いろんな情報を知る必要があり、ただ楽しく遊んであげるだけではできないと感じた。
　スタッフになったばかりの頃、当時の小学3～4年生を担当した。みんな手強かった。もめごとが多発し、間に割って入ったもののどうやって話をまとめていいかもわからない。大人のいうことを聞いてくれないし、口も達者。準備したプログラムが1つもうまくいかない。そんなことの繰り返しで何度も「やめたい」「子どもは全然天使じゃない……」と思った。

　子どもたちが成長していくのと一緒に、私も少しずつ子どもたちに慣れていった。そんな中、小学生の高学年から中学生の子どもたちで新聞をつくるサークルが立ち上がった。トッカビの子どもたちと他の地域にあるルーツを持つ子どもたちにかかわる団体との交流や、合宿イベントの企画にもたずさわることができた。取材活動では、ルーツを持つアーティストのライブイベントや南京町への取材など、いろいろなところに出かけ、集まって記事をまとめて新聞を刷り、トッカビニュースと一緒に発送してもらった。また、トッカビっ子のおにいちゃんおねえちゃん的存在になってほしいと、小学生の活動サポートをお願いしたりと、応えてくれる子どもたちの姿に無理をさせたこともあったのかもしれないけれど、スタッフとしてまだまだ力不足な私は支えられた。

サークルは現在も解散とはなっておらず、高校を卒業してからもトッカビニュースに寄稿してくれたり、国際交流野遊祭にも参加してくれる。大人になった当時のトッカビの子どもたちが、いまでも変わらずトッカビに帰って来てくれること、いまも互いに交流を続けていること、それぞれがもうすっかり大人で、近況を知る度に胸が熱くなる。

八尾市でも年々外国にルーツを持つ子どもの数が増え、民族クラブでは、朝鮮半島の文化、伝承遊びや楽器などの指導だけでは全然足りなくなってしまった。語学が堪能なわけでもなく、民族楽器や舞踊を習得しているわけでもないけれど、クラブの時間になると、子どもたちが駆けよってきて、私が持参した小道具をあれこれとみながら「今日はなにすんの?」と期待たっぷりに聞いてくる姿に応えたいし、民族クラブの講師として少しでも恥ずかしくないように、指導校に在籍する外国ルーツの子どもに沿うように、いろいろな国のあそびネタや文化について収集する努力をしている。

民族クラブに参加する子どもは、日本人の子が多く「K-POP が好き」「中国ゴマが楽しそう」と参加してくれる。

十数年前に、「民族クラブってなにやってるクラブかわからないって思われてる。クラブに来ることがはずかしい」とルーツを持つ中学生の子どもがつらそうにいってきた。たくさんの本音を打ち明けてくれた。たしかに30年も40年も前に「差別に立ちむかおう！　私たちが立ち上がろう！」と各学校で立ちあがった民族クラブの勢いみたいなものはない。ルーツを持つ子、民族クラブに関心をよせてくれる子を募ったその先、なにをしたらいいんだろうと悩むことが多かった。どんな活動をすればクラブに夢中になれるのかと、ことさら中学校での民族クラブの内容には悩むことが多かった。だから余計に子どもたちのその訴えにハッとさせられた。

私が中学生の頃の民族クラブとは「差別に立ちむかい、それを支えてくれる仲間がいる」という活動の柱みたいなものを、なんとなくみんな理解してくれていたような気がしていたし、クラブに入っていることに負い目を感じることなんて一切なく、むしろかっこいいくらいに思っていた。文化祭になると民族クラブの発表のために、大勢の友だちが舞台上をあふれんばかりに裏方や表舞台にと協力してくれた。先生もたくさんかかわってくれていたように思う。昔、民族クラブの勢いを経験した私たちが、いまの子どもの背景や思いに合わせて、もっとシフトチェンジしなければと思った。

それから何年も経ち、いまでも中学生の心をつかむ活動の正解は全然わからず、手探り状態であるものの、昨今のK-POPブームに大いに助けられ、逆にこちらがついていくのに必死、というよりも全然ついていけない。でも、K-POPといったキラキラした世界からでも「韓国好き」といってクラブに入ってくれることがうれしい。コリアルーツの子が、「私韓国人やねん」となにげない会話の中で友だちにいうと「えーめっちゃいいなぁ」といわれている時の「いいやろ」とどこかちょっと優越感のあるその表情をみると「そうそう、その気持ち」と私にも優越感が移り、ニヤリとしてしまう。

第12章　「子どもたちに民族のほこりと自覚をあたえよう！」の再編成と展望

鄭栄鎭・朴洋幸

1　はじめに

1974年10月、大阪府八尾市内の長屋の一角で「トッカビ子ども会」が発足した。発足当初、運営資金のカンパをつのるチラシには、以下のように発足の思いがつづられている。

私たち「トッカビ子供会」は（略）被差別部落で生まれました（略）地区には朝鮮人が多く住んでいて、その大半がきびしい差別のため不安定な暮らしをいとなんでいます。子供達は、小学校から中学校にかけて自分が朝鮮人であることを知りはじめます。しかしそれは、かならずしもおだやかなものではなく、日本人から差別され、ぶじょくされることによって、『汚いもの』『見下すもの』『そこから逃げ出さなければならないもの』として自分が朝鮮人であることを自覚します。この様な激しい状況の中で子供たちは、非行にはしったり、勉強がいやになったり、かたいからにとじこもったりして、ゆがめられた人生を歩むことになるのです。（略）自分たちの弟妹たちが、せめて自分の祖国や民族にほこりをもてるようにしたい、私達がこぼした涙はけっして2度と子供達にひろわせてはならないという一心で「トッカビ子供会」をつくるはこびになりました。[1]（傍点原文）

解放後、日本社会で制度から排除され、社会的差別もきびしいなか、在日一世、二世や三世たちは、くやしい思いを飲み込み生きてきた。そのくやしさで流した涙を、次の世代の子どもたちには拾わせなくても済む社会をつくりたい、そんな思いがこのチラシの文言にこめられていた。

このような思いをもって発足したトッカビであるが、本書でこれまでみてきたとおり、在日朝鮮人だけではなく多くの日本人がかかわりながら、在日朝鮮人と日本人とが共に生きることができる社会をめざし、地域という草の根からさまざまな実践を繰り広げてきた。

トッカビの発足から約半世紀を経た現在、その当時と現在とでは「外国人」をとりまく状況は大きく変容している。本章では、このような変容のなか、トッカビの実践の方向性についてのべたい。

2 「外国人」をとりまく状況の変容

統計の数値からみた「外国人」の変容

まずは、「外国人」の変容を把握するため、統計上の数値からみていこう。ただし、以降の数値は

「外国籍」を保有する者のカウントであり、日本国籍を取得した者たちはふくまれていないことを考慮する必要がある。

まずは国籍別である。『昭和50年度大阪府統計年鑑』の「市郡別・国籍別外国人登録人口」[2]によると、トッカビ発足時、１９７４年の八尾市の外国人登録人口は６３７１人となる。国籍別では「朝鮮・韓国」が６２４０人、「中国」82人、「米国」16人、「インドネシア」４人、「インド」４人、「フィリピン」２人、「その他」23人であり、「朝鮮・韓国」が「外国人」の大多数を占めていることがわかる。

それから50年近く経過した２０２１年の「府内在留外国人数（旧登録外国人統計）[3]」では外国人数は７８３３人となって、内訳は「韓国」２６２４人[4]、「ベトナム」２２５９人、「中国」１９７４人であり、１０００人超はこの３区分だけになる。異なる統計を用いているため正確に比較しづらいが、約50年間で外国人数の増加は１４６２人となる。これが多いか少ないかの判断はつかないものの、「韓国」の減少幅が大きいのはもとより、それ以外の増加も大きいことがわかる（１９７４年、２０２１年とも12月末日現在）。

ついで在留資格別である。１９８０年時の在留資格別は手元にないが、「朝鮮・韓国」が大多数を占める状況からいえば、１９６６年の「日韓法的地位協定」による「協定永住者」や、以外の「特例永住者」「法126-2-6該当者」がほとんどであったと容易に推測できる。

これが、２０２０年12月末現在の「在留外国人統計（旧登録外国人統計）[5]」における八尾市の数値では、先の３つの在留資格が一本化された「特別永住者」が２５００人となっており、すなわち、旧植民地出身者とその子孫と推定できる者たちが大きく減少していることがわかる。一方、「永住者」2489人、「定住者」579人であり、いわゆる「ニューカマー」の増加がこの在留資格別の数値からもみてとれる。さらには「技能実習2号ロ」480人、「技術・人文知識・国際業務」466人、「留学」349人、「家族滞在」267人などともなっており、これらからいえば、八尾の産業が「外国人」によって支えられていることや、「一時滞在」として八尾で暮らす「外国人」の占める割合が少なくないことなどが考えられる。

以上、統計上の数値から簡単ではあるが、八尾市における「外国人」の変容をみてきた。これらの数値からは、トッカビ発足時の「外国人」がイコール「在日朝鮮人」であったといっても過言ではない。しかし現在では、「外国人」が多国籍化あるいは多民族化した状況へと大きく変容したことが容易に理解できる。

「外国人」に対する制度と社会意識の変容

「外国人」をとりまく状況が変容したのは統計上の数値だけではなく、制度もそうである。近年の主な国の政策を簡単にみていこう。

2012年、いわゆる「新しい在留管理制度」がはじまった。これにより外国人登録法の廃止と住民基本台帳法が改定されたが、外国籍者へ住民基本台帳法が適用されることとなり、外国籍者も住民票に記載されるようになった。いわば、「外国人」を地域住民として受容する動きが国家レベルでみられるようになったが、一方では、それまで外国人登録法で登録対象となっていた在留資格を有さない外国籍者はこの改定によって住民基本台帳法の適用外となり、いわゆる「不法滞在」としての側面を政府は強調するようになる。

２０１８年の入管法改定では、「外国人材」介護、外食、農業などへの従事を想定した「特定技能1号」の在留資格が創設されるなどして、「外国人材」という名のもと単純労働分野への門戸を開かれた。さらに、この受けいれにともない「外国人材の受入れ・共生のための総合的対応策」が「生活者としての外国人に対する支援」「外国人材の円滑かつ適正な受入れの促進に向けた取組」などとして取りまとめられ、地方自治体での一元的相談窓口の設置などがはかられることとなった。[6] 日本は実質的な「移民」受けいれへと舵を切ったといえよう。

これらの国の動きは、一方では包摂する動きが進行し、一方では排除が進行している。二律背反する「外国人」のあつかいであるが、そこにひそんでいるのは「外国人」の選別である。国家にとって有用と判断される「外国人」であれば「包摂」のステージへとすすみさまざまな支援が行われるが、いったん、無益と判断されれば「排除」という奈落へと落とされ、そこから上がるすべはない。

先の「外国人材の受入れ・共生のための総合的対応策」では支援策が列挙される一方、「新たな在留管理体制の構築」の項目がある。そこでは「不法滞在者等への対策強化」として「警察庁、法務省、外務省等の関係機関の連携強化による不法滞在者等の排除の徹底」がある。「排除」では事足りず「排除の徹底」である。しかも「不法滞在者等」とあり、「等」にふくまれる範囲は際限がない。これをみても、実質的な「労働者」として勤労にいそしみ国家に有用となる従順な「外国人」であれば支援の対象となるが、そうでない者たちは排除が徹底されることがうかがえる。

この選別を突きすすめたのが２０２３年の入管法改定であろう。難民認定の申請中であっても３回目の申請以降は送還が可能となるこの改定は、国家にとって無益な「外国人」に対する「排除の徹底」が、いわゆる「不法滞在」者に対するものとは異なる形で先鋭化されたものであって、まずは難民認定中の者が先の「等」にふくまれたのである。「外国人」に対する国家の視線を白日のもとにさらしたこの改定は、「外国人」に対する社会意識を下方へといざなうと思われ、強く憂慮せざるを得ない。

一転、八尾に目をむけよう。２０１５年に行われた市議会議員選挙において、「外国人生活保護の早期撤廃」「日本人のための街づくり条例へ」などを公約にかかげた候補が出現し、供託金が没収されたものの４９４票を獲得するという事態があった。同候補は２０１９年の同選挙では落選したものの票数を１００票程度増やし、２０２３年の３回目の立候補時にもさらに１００票近く票数を増やすといった事態がみられた。さらに、「外国人労働者の増加を抑制し、外国人参政権を認めない」とする政党の議員が誕生しており、残念ながら、八尾の地においても「外国人」を排斥しようとする動きが浸食しはじめている。国の政治の動きと連関するようなこの状況からは、「外国人」排斥が当然のこととして根付いてしまうという危機感を抱かざるを得ない。

しかしながら、入管法の改定に対して国会前では連日の抗議活動が行われ、全国各地でもそうであり、ＳＮＳでも同様の動きがみられた。国家は「外国人」を選別する動きを強めているが、一方の市民社会では「外国人」をこの地に暮らす一員として捉えている。だからからこそこのような抗議活動が頻出したのではないだろうか。「ヘイト・スピーチ」「ヘイト・クライム」が跋扈する一方では、これらへのカウンター行動もあり、「外国人」への差別を許さないとする社会意識はけっして衰えていないはずである。楽観的とのそしりをうけることは重々承知だが、草の根では、「外国人」がこの地域の一員であり、共に生きる存在だという意識が根づいている。これを絶やさず、さらに根づかすためにどうすべきかがいま問われている。八尾の地においても地域コミュニティにおいて地道かつ着実に「共生」の芽を育てていき、上述のような動きに対峙していくことがトッカビに課せられた古くて新しい課題であり、使命だといえる。

3 かわったものとかわらないもの

あらためてトッカビ発足当初にもどりたい。トッカビ発足当初、そのスローガンの一つに「子供たちに民族のほこりと自覚をあたえよう！」[7]があった。

この「民族の自覚とほこり」を体現する一つとして民族名を名のり、朝鮮人であることを隠さず生きるための実践が行われた。子どもたちは活動を通じて仲間と支え合い、学校でも民族名を名のりはじめる。しかし、保護者が「民族だけでは飯くわれへん。まず生きること、その日その日のごはんの方が大切や。本名名のっても会社がつこうてくれへんかったら何にもならん」[8]と語ったように、学校を卒業し社会に出れば差別が厳存し、子どもたちが「民族の自覚とほこり」を持って生きることにはつながらない現実があった。

そのような社会を変革すべくトッカビは、本書でみてきたような国籍条項といった「制度」の撤廃などに取り組み、国籍、民族によって排除され、希望を奪う差別の壁を打ち破るために闘った。これらの闘いを通じ、「民族の自覚とほこり」を持って生きようとする子どもや青年が増えたのであるが、すなわち、トッカビの民族教育とは在日朝鮮人自身をかえる取り組みであり、かつ、そのための条件整備としての社会の意識をかえる取り組みでもあった。

さらにいえば、序章でのべた「多文化共生」であるが、トッカビがつくりあげてきたそれは、「外国人」を支援の客体とするのではなく権利の主体とすることである。すなわち、在日朝鮮人が日本という地に恩恵で住ませてもらっているのではなく、この地に生きる権利を有することを宣言し実効化したものでもあった。それを在日朝鮮人だけでなく多くの日本人をまきこみつつ、在日朝鮮人のみならず日本人、そして社会そのものを変革することを草の根から試みていったのである。そのような試みが受けいれられたことによって、第7章の繰り返しになるが「外国人は住民のうちにはいらない」[9]と市職員が発したとされるような時代から、「八尾市の国際化についての取り組みは、従来から行政、市民運動、外国人コミュニティの連携によって、先進的自治体としての評価を得てきました（略）国民体育大会、郵便外務職の門戸開放も八尾の地から始められました（略）これらの成果は、八尾市が日本全国に情報発信してきた誇りある八尾市民共有の財産といえます[10]」と八尾市行政がのべるまでの変容にみちびいたのである。

もっとも、制度や行政の「外国人」への姿勢が変化し、「外国人」を地域の一員だとする社会意識が根づきつつあると（楽観的に）いえども、いまだかわらないものもある。

ベトナムルーツを持つ青年Aの経験である。ベトナム難民の親の呼び寄せで小学校高学年時に日本に移住したAは、成人後に日本籍を取得した。その後、日本名で生活をするなか、Aはまわりの視線の違いを実感する。たとえば、病院で名前を呼ばれると、ベトナム名の時と日本名では、まわりの視線があきらかに違うという。つまり、日本名にかわると同じ日本人と認識され、特段好奇な視線をむけられることもなくなり、異質な自分を意識させられることがないのである。Aは「こんな楽な感覚はない」というが、換言すれば、日本社会で外国人として生きることは、さまざまな場面で緊張を強いられるということである。

Aの経験はA固有のものではなく、間違いなくほかの子どもたちにも起こっている。第9章でみたルーツ語教室に6歳から通い、大学入学後もスタッフとして教室にかかわったBである。Bにとって教室とは「自分の中の一部であり、生活の中の一部。家とも違う、学校でもない、おんなじ子たちが集まった教室。わかってもらえる。共感できることが多い」という場所である[11]。さまざま学校から集まるルーツ語教室は学校の枠を超えた子どもどうしのつながりを結ぶ機能をはたし、かつ、ルーツを持つことが絶対に否定されない安心できる場になっている。しかしBは学校ではみずからのルーツをあかすことは絶対にしていない。この教室と学校でのBの落差をどう考えるべきであろうか。

第6章と第11章であつかったオリニマダンである。「オリニマダンに参加して、八尾にはたくさんのかん国人・朝鮮人がすんでいるんだなあと思いました。かん国人や朝せん人はもっと少ないと思っていました」(小学5年生)「オリニマダンに参加し、八尾にはたくさんのかん国人・朝鮮人がいるということをしりました」(小学6年生)というような1986年時の子どもの感想[12]と、2022年に小学生の部に参加した子どもが八尾市内に外国にルーツを持つ子どもが多くいることを知らなかったという感想を教員に発していたことをみた。

数十年を経ても子どもの感想に変容がないことに実践の力不足を痛感せざるを得ない。外国にルーツを持つ子どもが持つ孤立感は約半世紀近くを経ても変化がないことがわかるが、それは子どもたちを取り囲む学校や社会の状況を反映しているからでしかない。さらに、名前をもじられ、存在そのものを異質にあつかわれるといった子どもたちの経験は、日本名を名のり、みずからのルーツを隠蔽することへと確実につながっている。中学校入学前、あるいは卒業時に日本名へとかえる子どもたちの姿もある。民族名を名のって生きようとしたトッカビの子どもたちが、高校卒業時に日本名にかえてしまう姿があったが、それとかわらない状況が現在も厳存している。

在日朝鮮人を対象としてはじめられたトッカビであったが、朝鮮人以外の外国にルーツを持つ子どもたちの経験とは、朝鮮人の子どもたちが受けてきた負の経験の繰り返しである。つまり、制度がかわり、「外国人」を地域の一員とする社会意識が根づきつつあると楽観的にいえども、外国にルーツを持つ子どもたちが抱く不安、孤独感はいまだかわりがないのである。

ならば、トッカビがめざすべきものも、かつて在日朝鮮人に対して発した「子供たちに民族のほこりと自覚をあたえよう！」「在日朝鮮人として生きる」であり、かわることはない。ただし、これまでみたように「外国人」が変容した状況ではそれらを現在にアップデートさせる必要がある。それを「自分のルーツを肯定し、ありのままに生きる」であり、「人としてありのままに生きる」だと再編成したい。

外国にルーツを持つ子どもたちがトッカビの活動での経験を通して、みずからのルーツをけっして否定することなく、肯定感をもって育ってほしい。ことさらに、みずからのルーツを主張する必要はない。しかしながら、いつでも、どこでも、誰にでも、どのような状況においても、そのことを語れる力をつけてほしい。

そして、それらを子どもたちや当事者に強いるばかりでなく、そのための社会を当事者だけでなく日本人と共につくることがきわめて重要である。すなわち、そのような両者の共同作業こそが、草の根からの「多文化共生」――「外国人」を権利の主体とすること―を創ることである。トッカビの実践をふりかえることによって、それを再編成しつつ、いまそれをあらためて試みていくことが必要である。

4 おわりに

以上、本章ではトッカビの発足時と現在とでの「外国人」をとりまく状況の変容にふれ、今後のトッカビの実践の方向性についてのべてきた。

繰り返しになるが、トッカビの実践は社会の変容にあわせ「子供たちに民族のほこりと自覚をあたえよう！」「在日朝鮮人として生きる」から、「自分のルーツを肯定し、ありのままに生きる」「人としてありのままに生きる」ことへと変容してきた。しかしながら、その文言にひそむ思いの本質がかわることはない。

当事者だけがこの文言を実効化させるための社会変革に邁進するのでなく、日本人と共に両者が手を携えながら取り組むことがきわめて重要であり、それこそが「多文化共生」の必須条件であろう。そういった社会変革に生活の拠点である地域から共に取り組むことが、「外国人」をこの地に暮らす人びととする草の根の社会意識を培っていく。トッカビの役割がつきることはない。

脚注

1 トッカビの家（１９７４）「『トッカビ』のくつしたを！」、特定非営利活動法人トッカビ所蔵資料。

2 大阪府『昭和50年度大阪府統計年鑑（昭和51年３月刊行）』https://www.pref.osaka.lg.jp/toukei/nenkan/tn1975inde.html（２０２３年６月21日アクセス）。

3 大阪府「府内在留外国人数（旧登録外国人統計）」https://www.pref.osaka.lg.jp/kanko/tourokusyasuu30/index.html（２０２３年６月21日アクセス）。

4 「朝鮮」は１２１人であり、「韓国」とあわせると２７４５人となる。ただし、２０２１年時では「韓国」の国籍を保有する人たちが、近年日本に移住してきた者も少なからず存在することに留意する必要がある。

5 e-Stat 政府統計の総合窓口「在留外国人統計」https://www.e-stat.go.jp/stat-search/files?page=1&toukei=00250012&tstat=000001018034（２０２３年６月９日アクセス）。

6 「外国人材の受入れ・共生のための総合的対応策（概要）（平成30年12月25日）」、出入国在留管理庁ホームページ、https://www.moj.go.jp/isa/content/930004287.pdf（２０２３年６月９日アクセス）。

7 しんぼく会「トッカビ」（１９７４）『トッカビニュース№１』、特定非営利活動法人トッカビ所蔵資料。

8 トッカビ子ども会（1984）『친구와함께（チングワァハムケ）なかまとともに トッカビ子ども会10周年記念誌』、35頁。

9 安中支部差別国籍条項撤廃闘争委員会（1979）「願書も受け取らぬ八尾市！ 4時間にもわたる交渉で、前向きの検討と交渉継続を確約させる！」、NPO法人トッカビ所蔵資料。

10 八尾市人権文化部人権国際課（2003）『八尾市国際化施策推進基本指針』、4頁。

11 鄭栄鎮（2016）「創造された『コミュニティ』として」、特定非営利活動法人トッカビ『あらたな「コミュニティ」を紡ぐ―ルーツ語教室10年の実践から』、63-67頁。

12 八尾教組教育ひろば実行委員会（1986）『1986年度第6回オリニマダン（子どもの広場）在日韓国朝鮮人児童生徒サマースクール感想文集』49頁、59頁。

編者あとがき

鄭栄鎭

序章でもふれたが、本書はトッカビの記憶のすべてが書かれたものではない。個々人のフィルターをとおしてえがかれたトッカビの記憶の再編成であって、そこから欠落した記憶が多々ある。トッカビ、あるいは八尾の実践の検証と研究は緒に就き始めたばかりといえるが、もっとも、編者はそれらを研究のフィールドにとどめるのではなく、「外国人」のためのものとすることが必要だと感じており、今後もトッカビと試行錯誤を繰り返していくことになるだろう。

トッカビの実践への批判があることも承知だ。かつてトッカビの実践は「同化志向」との批判を浴び、在日朝鮮人とニューカマーを一緒にした活動も批判された。これらの批判も時代を経るにつれ聞かなくなったような気がするが、だとすれば、トッカビが先駆的だったのか、それとも単にいっても無駄と思われたのか。いずれにしろ、これらの批判を糧にしつつ、当事者たちが少しでも快適に過ごせるコミュニティをつくりたいとの思いは、本書の執筆者のみならず、これまでトッカビにかかわってきた人たち全員に共通している。この思いは今後もかわらなく、そのような思いも本書を貫く柱となっている。

本書をとられたひとりでも多くの人が、トッカビと八尾の実践から現在の日本に流通するものではない「多文化共生」のオルタナティブの一例を知り、いまさしあたって「多文化共生」としかいうことのできない「外国人」と「日本人」との共生の営みに思いをめぐらせ、それが「外国人」を支援の客体としてしか捉えていないかと常に疑念をむけるようになってくれれば、本書のもくろみはある程度達成したといえる。

本書の各章は、既発表の論考等に大幅に加筆修正を加えたものである。関係する論考等と執筆者は発表順に以下のとおりである。

朴洋幸「『民族の誇りをもって生きる』から『人としてありのままに生きる』へ」全国在日外国人教育研究協議会編『これからの在日外国人教育2003』34‐38頁、2003年

鄭栄鎭「八尾のまちとエスニックマイノリティ」『関西都市学研究』1号、35‐41頁、2017年

鄭栄鎭「まちとエスニックマイノリティと包摂」大阪市立大学都市研究プラザ編『包摂都市のレジリエンス』所収、水曜社、157‐167頁、2017年

鄭栄鎭「部落解放運動と在日朝鮮人運動の関係にかんする考察――トッカビ子ども会の事例をめぐって」『人権問題研究』16号、5‐25頁、2019年

鄭栄鎭「エスニック・マイノリティ『支援』の取り組み―大阪府下自治体のケースから」全泓奎編『東アジア都市の居住と生活：福祉実践の現場から』所収、東信堂、219‐234頁、2019年

鄭栄鎭「在日朝鮮人コミュニティとその社会運動についての考察―大阪府八尾市の事例から」『白山人類学』23号、169-192頁、2020年

鄭栄鎭「八尾の朝鮮人の生活とできごと―1945年以前を中心として」『コリアン・スタディーズ』10号、79-88頁、2022年

朴洋幸「『民族のほこりと自覚』をもって生きるから『自分のルーツを肯定し、ありのままに生きる』へ」髙谷幸編『多文化共生の実験室 大阪から考える』所収、青丘社、123-126頁、2022年

鄭栄鎭「草の根の実践から『多文化共生』を捉え直す：『多文化共生』を『外国人』のものとするための試論」『人権問題研究』20号、2023年（掲載予定）

また、本書第3章、第4章、第5章2節、第8章ならびに第11章は、連続講座「草の根からの『多文化共生』」での内容をもとに各執筆者がまとめたものであり、連続講座と本書のもととなった研究はJSPS科研費基盤研究(C)「外国人の『権利獲得・擁護』モデルの『多文化共生』創出にむけた研究」（20K02137、研究代表者：鄭栄鎭）ならびに同基盤研究(B)「都市『社会問題空間』の付置構造とその変容に関する研究」（20H01579、研究代表者：島和博）によるものである。

上記の研究では、大阪市立大学都市研究プラザ（現・大阪公立大学都市科学・防災研究センター）、同人権問題研究センター、大阪コリアン研究プラットフォームと、編者が所属する国際高麗学会日本支部のリソースを活用させていただいた。出版にあたっては明石書店編集部の黒田貴史さんにお世話に

なった。厚くお礼申し上げます。

最後に、本書の執筆者ひとりひとりと、これまでトッカビにかかわってきた人びと全員にあらためて感謝を申し上げたい。ありがとうございました。

金静子（きむ ちょんぢゃ）（第8章）
こども園職員

金富健（きむ ぷごん）（第8章）
大阪企業経営協同組合代表理事

薮田直子（やぶた なおこ）（第9章）
特定非営利活動法人トッカビスタッフ、大阪教育大学特任准教授
「在日外国人教育の課題と可能性－本名を呼び名のる実践の応用をめぐって」日本教育社会学会編『教育社会学研究』第92集、197-218頁、2013年（第６回日本教育社会学会学会奨励賞論文の部、2014年受賞）など

冨田貴之（とみた たかゆき）（第11章）
八尾市人権ふれあい部 人権政策課 多文化共生係長

朴洋幸（ぱく やんへん）（第12章、コラム３）
特定非営利活動法人トッカビ代表理事
「日本の『外国人』問題：在日の歴史と現状から考える」解放出版社編『部落解放』816号、95-111頁、2022年など

小川徹（おがわ てつ）（コラム1）
元 八尾市立小学校教員
八尾市在日外国人教育研究会事務局長・会長など歴任

金容俊（きむ よんぢゅん）（コラム2）
元 トッカビ子ども会保護者会会長

吉田美穂子（よしだ みほこ）（コラム４）
特定非営利活動法人トッカビ理事

金由香（きむ ゆひゃん）（コラム５）
特定非営利活動法人トッカビ理事

［編著者］
鄭栄鎭（ちょん よんぢん）（序章、第1章、第2章ほか）
大阪公立大学都市科学・防災研究センター特任講師、特定非営利活動法人トッカビ副代表理事ほか
『在日朝鮮人アイデンティティの変容と揺らぎ「民族」の想像／創造』（法律文化社、2018年）など

［著者略歴］
前田稔（まえだ みのる）（第3章第1節）
特定非営利活動法人トッカビ理事、元 八尾市立小学校教員
大阪府在日外国人教育研究協議会会長、八尾市在日外国人教育研究会事務局長・会長、八尾市教職員組合書記長・執行委員長など歴任

高橋敏道（たかはし としみち）（第3章第2節）
特定非営利活動法人トッカビ監事、元 八尾市立小学校教員
大阪府在日外国人教育研究協議会事務局長、八尾市在日外国人教育研究会会長など歴任
「21世紀をめざした多文化共生教育」解放教育研究所編『解放教育』第26巻12号、16-22頁、1996年など

趙顯吉（ちょ ひょんぎる）（第4章第1節）
特定非営利活動法人トッカビ理事、元 八尾市立中学校教員
トッカビ子ども会代表、八尾市教職員組合執行委員長など歴任

陳伊佐（ちん いぢょわ）（第4章第2節、第8章）
特定非営利活動法人トッカビ理事、八尾市立小学校教員

李昌宰（い ちゃんぢぇ）（第5章第２節）
日本郵便株式会社社員

金純嬉（きむ すに）（第8章）
元 特定非営利活動法人トッカビ理事、派遣社員

特定非営利活動法人 トッカビ
https://tokkabi.org/
〒581-0081 大阪府八尾市南本町7-6-23
TEL:072-993-7860　FAX:072-993-7850

草の根から「多文化共生」を創る——当事者が語るトッカビの運動と教育

2023年12月15日　初版第1刷発行

編著者	鄭　栄　鎭
企　画	特定非営利活動法人トッカビ
発行者	大　江　道　雅
発行所	株式会社 明石書店

〒101-0021 東京都千代田区外神田6-9-5
電話 03（5818）1171
FAX 03（5818）1174
振替　00100-7-24505
https://www.akashi.co.jp/

装　丁	金子 裕
印刷・製本	モリモト印刷株式会社

（定価はカバーに表示してあります）　ISBN978-4-7503-5683-9